たったの72パターンで
こんなに話せる
日本語

アプリ

徳山隆 著

JN052031

ア
明日香出版社

音声データについて

本書の「日本語　基本の基本！」、および Part I と Part II の日本語フレーズを収録しています。

① 【ASUKALA】アプリで再生
　下記にアクセスして明日香出版社の音声再生アプリ【ASUKALA】をインストールすると、ダウンロードした音声を再生できます。

② 音声データをダウンロード
　音声データ（mp3 形式）をダウンロードできます。パソコン、携帯端末でアクセスしてください。

https://www.asuka-g.co.jp/dl/isbn978-4-7569-2209-0

※音声の再生には、mp3 ファイルを再生できる機器などが必要です。ご使用の機器、音声再生ソフトなどに関する技術的なご質問はメーカーにお願い致します。音声ダウンロードサービスは予告なく終了することがあります。

はじめに

こんにちは！

「日本語で気軽にもっと話したい」
「自然に日常の会話フレーズが言えるようになりたい」

　日本語を学んでいる多くの方がこのように感じていると思います。
　この『たったの 72 パターンでこんなに話せる日本語』では、日常会話でよく使われる「パターン」をピックアップしました。タイトルの通り、72 個のパターンで、基本的な会話は本当にできるのです。

　どの言語にも必ず「文型」（パターン）があります。フレーズの暗記ではなく、**きちんと「文型」（パターン）を理解する**ことにより、あとは単語を入れ替えるだけで、会話のバリエーションを広げることができます。

　「Part I　これだけは‼ 絶対覚えたい重要パターン 21」では、基本的な会話のパターンを学びます。そして「応用」では、それぞれの否定パターンと疑問パターンを学ぶことができます。

　そして「Part II　使える！ 頻出パターン 51」では、日常会話の幅を広げることができるように、身近なシーンでよく使う表現を学びます。

　「基本フレーズ」「基本パターンで言ってみよう！」「応用パターン」の各フレーズの漢字にルビをふってあり、ローマ字読みも表記しています。
　また、**各フレーズに英語・中国語・韓国語・ベトナム語の訳**をつけていますので、これから日本語を学ぶ方も理解しやすい内容です。

　72 パターンを学ぶことによって、日本語の基礎が身につくように工夫しています。音声をダウンロードして、日本語の発音を聞きながら、皆さんも練習してみてください。

　まずはこの本を使って、いろいろなシーンで話してみてください。そして日本の人たちとの会話をぜひ楽しんでください。本書が皆さんのお役に立てるように願っています。

徳山 隆

目次

日本語・基本の基本！…10

Part I

絶対覚えたい重要パターン21

Part **II**

使える！

ひんしゅつ
頻出パターン **51**

＜付録＞
・よく使う動詞のリスト
・よく使う形容詞のリスト
・よく使う敬語（尊敬語、謙譲語）
・物の数え方
・基本単語
・日本の47都道府県、主な都市
・日本人に多い名字

カバーデザイン：渡邊民人（TYPE FACE）
カバーイラスト：草田みかん
本文イラスト：たかおかおり
協力：ウイップル道子、趙怡華、李明姫、寺戸ホア

日本語の「ひらがな」（平仮名）

a		i		u		e		o	
あ	a	い	i	う	u	え	e	お	o
か	ka	き	ki	く	ku	け	ke	こ	ko
さ	sa	し	shi	す	su	せ	se	そ	so
た	ta	ち	chi	つ	tsu	て	te	と	to
な	na	に	ni	ぬ	nu	ね	ne	の	no
は	ha	ひ	hi	ふ	hu	へ	he	ほ	ho
ま	ma	み	mi	む	mu	め	me	も	mo
や	ya			ゆ	yu			よ	yo
ら	ra	り	ri	る	ru	れ	re	ろ	ro
わ	wa							を	wo
ん	n								

が	ga	ぎ	gi	ぐ	gu	げ	ge	ご	go
ざ	za	じ	zi	ず	zu	ぜ	ze	ぞ	zo
だ	da	ぢ	ji	づ	zu	で	de	ど	do
ば	ba	び	bi	ぶ	bu	べ	be	ぼ	bo
ぱ	pa	ぴ	pi	ぷ	pu	ぺ	pe	ぽ	po

-ya		-yu		-yo	
きゃ	kya	きゅ	kyu	きょ	kyo
しゃ	sha	しゅ	shu	しょ	sho
ちゃ	cha	ちゅ	chu	ちょ	cho
にゃ	nya	にゅ	nyu	にょ	nyo
ひゃ	hya	ひゅ	hyu	ひょ	hyo
みゃ	mya	みゅ	myu	みょ	myo
りゃ	rya	りゅ	ryu	りょ	ryo

-ya, -a		-yu, -u		-yo, -o	
ぎゃ	gya	ぎゅ	gyu	ぎょ	gyo
じゃ	ja	じゅ	ju	じょ	jo
びゃ	bya	びゅ	byu	びょ	byo
ぴゃ	pya	ぴゅ	pyu	ぴょ	pyo

日本語の「カタカナ」（片仮名）

a		i		u		e		o	
ア	a	イ	i	ウ	u	エ	e	オ	o
カ	ka	キ	ki	ク	ku	ケ	ke	コ	ko
サ	sa	シ	shi	ス	su	セ	se	ソ	so
タ	ta	チ	chi	ツ	tsu	テ	te	ト	to
ナ	na	ニ	ni	ヌ	nu	ネ	ne	ノ	no
ハ	ha	ヒ	hi	フ	hu	ヘ	he	ホ	ho
マ	ma	ミ	mi	ム	mu	メ	me	モ	mo
ヤ	ya			ユ	yu			ヨ	yo
ラ	ra	リ	ri	ル	ru	レ	re	ロ	ro
ワ	wa							ヲ	wo
ン	n								

ガ	ga	ギ	gi	グ	gu	ゲ	ge	ゴ	go
ザ	za	ジ	zi	ズ	zu	ゼ	ze	ゾ	zo
ダ	da	ヂ	ji	ヅ	zu	デ	de	ド	do
バ	ba	ビ	bi	ブ	bu	ベ	be	ボ	bo
パ	pa	ピ	pi	プ	pu	ペ	pe	ポ	po

-ya		-yu		-yo	
キャ	kya	キュ	kyu	キョ	kyo
シャ	sha	シュ	shu	ショ	sho
チャ	cha	チュ	chu	チョ	cho
ニャ	nya	ニュ	nyu	ニョ	nyo
ヒャ	hya	ヒュ	hyu	ヒョ	hyo
ミャ	mya	ミュ	myu	ミョ	myo
リャ	rya	リュ	ryu	リョ	ryo

-ya, -a		-yu, -u		-yo, -o	
ギャ	gya	ギュ	gyu	ギョ	gyo
ジャ	ja	ジュ	ju	ジョ	jo
ビャ	bya	ビュ	byu	ビョ	byo
ピャ	pya	ピュ	pyu	ピョ	pyo

◎ 日本語　基本の基本！ ◎

●代名詞（daimeishi）
（だいめいし）

		English	中文	한국어	tiếng Việt
私（わたし）	watashi	I	我	나、저	tôi
あなた	anata	you	你	당신	ông、anh、bà、chị
彼（かれ）	kare	he	他	그	ông ấy、anh ấy
彼女（かのじょ）	kanojo	she	她	그녀	bà ấy、chị ấy

		English	中文	한국어	tiếng Việt
私たち（わたしたち）	watashitachi	we	我们	우리	chúng tôi、chúng ta
あなたたち	anatatachi	you	你们	당신들	các ông、các anh、các bà、các chị
彼ら（かれら）	karera	they	他们	그들	các ông ấy、các anh ấy
彼女ら（かのじょら）	kanojora	they	她们	그녀들	các bà ấy、các chị ấy

		English	中文	한국어	tiếng Việt
これ	kore	this	这（个）	이것	đây
それ	sore	it	那（个）	그것	đó
あれ	are	that	那（个）	저것	kia

		English	中文	한국어	tiếng Việt
ここ	koko	here	这里	여기	đây
そこ	soko	there	那里	거기	đó
あそこ	asoko	over there	那里	저기	kia

10

●方向 (houkou)
_{ほうこう}

右 (みぎ)	migi	right	右	오른쪽	bên phải
左 (ひだり)	hidari	left	左	왼쪽	bên trái
東 (ひがし)	higashi	east	东	동쪽	đông
西 (にし)	nishi	west	西	서쪽	tây
南 (みなみ)	minami	south	南	남쪽	nam
北 (きた)	kita	north	北	북쪽	bắc

●位置 (ichi)
_{い ち}

上 (うえ)	ue	over, upper	上	위	trên
下 (した)	shita	below, under	下	아래	dưới
外 (そと)	soto	outside	外面	밖	ngoà
中 (なか)	naka	inside	里面	안	trong

●疑問詞 (gimonshi)
_{ぎ もん し}

何 (なに)	nani	what	什么	무엇、뭐	gì
誰 (だれ)	dare	who	谁	누구	ai
いつ	itsu	when	什么时候	언제	bao giờ
どこ	doko	where	哪里	어디	ở đâu
どうして、なぜ	doushite, naze	why	怎么办	왜、어째서	tại sao
いくつ	ikutsu	how many	几个	몇 개	bao nhiêu
いくら	ikura	how much	多少钱	얼마	bao nhiêu tiền
どれくらい	dorekurai	how far	多少	어느 정도	bao xa
どうやって	douyatte	how	怎么做	어떻게	thế nào

11

● 一日 (ichinichi)

朝 （あさ）	asa	morning	早上	아침	sáng
昼 （ひる）	hiru	daytime	白天	낮	ban ngày
夕方 （ゆうがた）	yugata	evening	傍晚	저녁	chiều tối
夜 （よる）	yoru	night	晚上	밤	tối

午前 （ごぜん）	gozen	a.m.	上午	오전	buổi sáng
正午 （しょうご）	shougo	noon	中午	정오	trưa
午後 （ごご）	gogo	p.m.	下午	오후	buổi chiều

朝食 （ちょうしょく）	choushoku	breakfast	早饭	아침 식사	bữa sáng
昼食 （ちゅうしょく）	chushoku	lunch	午饭	점심 식사	bữa trưa
夕食 （ゆうしょく）	yushoku	supper, dinner	晚饭	저녁 식사	bữa tối

● 日 (hi)

今日 （きょう）	kyou	today	今天	오늘	hôm nay
昨日 （きのう）	kinou	yesterday	昨天	어제	hôm qua
おととい	ototoi	the day before yesterday	前天	그저께	hôm kia
明日 （あした、あす）	ashita, asu	tomorrow	明天	내일	ngày mai
あさって	asatte	the day after tomorrow	后天	모레	ngày kia
毎日 （まいにち）	mainichi	every day	每天	매일	hàng ngày

●週（しゅう）（shu）

今週（こんしゅう）	konshu	this week	这周	이번 주	tuần này
先週（せんしゅう）	senshu	last week	上周	지난주	tuần trước
来週（らいしゅう）	raishu	next week	下周	다음 주	tuần sau
毎週（まいしゅう）	maishu	every week	每周	매주	hàng tuần

●月（つき）（tsuki）

今月（こんげつ）	kongetsu	this month	这个月	이번 달	tháng này
先月（せんげつ）	sengetsu	last month	上个月	지난달	tháng trước
来月（らいげつ）	raigetsu	next month	下个月	다음 달	tháng sau
毎月（まいつき）	maitsuki	every month	每个月	매월、매달	hàng tháng

●年（とし）（toshi）

今年（ことし）	kotoshi	this year	今年	올해	năm nay
去年（きょねん）	kyonen	last year	去年	작년	năm ngoái
来年（らいねん）	rainen	next year	明年	내년	năm sau
毎年（まいとし）	maitoshi	every year	每年	매년	hàng năm

●四季（しき）（shiki）

春（はる）	haru	spring	春天	봄	mùa xuân
夏（なつ）	natsu	summer	夏天	여름	mùa hè, mùa hạ
秋（あき）	aki	autumn, fall	秋天	가을	mùa thu
冬（ふゆ）	huyu	spring	冬天	겨울	mùa đông

● 曜日（ようび）（youbi）

月曜日 （げつようび）	getsuyoubi	Monday	星期一	월요일	thứ Hai
火曜日 （かようび）	kayoubi	Tuesday	星期二	화요일	thứ Ba
水曜日 （すいようび）	suiyoubi	Wednesday	星期三	수요일	thứ Tư
木曜日 （もくようび）	mokuyoubi	Thursday	星期四	목요일	thứ Năm
金曜日 （きんようび）	kinyoubi	Friday	星期五	금요일	thứ Sáu
土曜日 （どようび）	doyoubi	Saturday	星期六	토요일	thứ Bảy
日曜日 （にちようび）	nichiyoubi	Sunday	星期天、星期日	일요일	chủ Nhật

● 数字（すうじ）（suji）

1	いち	ichi	11	じゅういち	juichi
2	に	ni	12	じゅうに	juni
3	さん	san	13	じゅうさん	jusan
4	し	shi	14	じゅうし	jushi
5	ご	go	15	じゅうご	jugo
6	ろく	roku	16	じゅうろく	juroku
7	なな	nana	17	じゅうなな	junana
8	はち	hachi	18	じゅうはち	juhachi
9	きゅう	kyu	19	じゅうきゅう	jukyu
10	じゅう	ju	20	にじゅう	niju

※ 7「しち（shichi）」、17「じゅうしち（jushichi）」、19「じゅうく（juku）」とも言います。

30	さんじゅう	sanju	300	さんびゃく	sanbyaku
40	よんじゅう	yonju	400	よんひゃく	yonhyaku
50	ごじゅう	goju	500	ごひゃく	gohyaku
60	ろくじゅう	rokuju	600	ろっぴゃく	roppyaku
70	しちじゅう	shichiju	700	ななひゃく	nanahyaku
80	はちじゅう	hachiju	800	はっぴゃく	happyaku
90	きゅうじゅう	kyuju	900	きゅうひゃく	kyuhyaku
100	ひゃく	hyaku	1000	せん	sen
200	にひゃく	nihyaku	2000	にせん	nisen

10000	（1万）	いちまん	ichiman
100000	（10万）	じゅうまん	juman
1000000	（100万）	ひゃくまん	hyakuman
10000000	（1000万）	いっせんまん	issenman
100000000	（1億）	いちおく	ichioku
1000000000000	（1兆）	いっちょう	icchou

Track 8

●時間の言い方 (jikan no iikata)

1 時	いち じ	ichi ji	7 時	しち じ	shichi ji
2 時	に じ	ni ji	8 時	はち じ	hachi ji
3 時	さん じ	san ji	9 時	く じ	ku
4 時	よ じ	yo ji	10 時	じゅう じ	ju ji
5 時	ご じ	go ji	11 時	じゅういち じ	juichi ji
6 時	ろく じ	roku ji	12 時	じゅうに じ	juni ji

●月（tsuki）

1月	いち がつ	ichi gatsu	7月	しち がつ	shichi gatsu
2月	に がつ	ni gatsu	8月	はち がつ	hachi gatsu
3月	さん がつ	san gatsu	9月	く がつ	ku gatsu
4月	し がつ	shi gatsu	10月	じゅう がつ	ju gatsu
5月	ご がつ	go gatsu	11月	じゅういち がつ	juichi gatsu
6月	ろく がつ	roku gatsu	12月	じゅうに がつ	juni gatsu

●日にち（hinichi）

1日	ついたち	tsuitachi
2日	ふつか	hutsuka
3日	みっか	mikka
4日	よっか	yokka
5日	いつか	itsuka
6日	むいか	muika
7日	なのか	nanoka
8日	ようか	youka
9日	ここのか	kokonoka
10日	とうか	touka
11日	じゅういち にち	juichi nichi
12日	じゅうに にち	juni nichi
13日	じゅうさん にち	jusan nichi

14 日	じゅうよっか	juyokka
15 日	じゅうご にち	jugo nichi
16 日	じゅうろく にち	juroku nichi
17 日	じゅうしち にち	jushichi nichi
18 日	じゅうはち にち	juhachi nichi
19 日	じゅうく にち	juku nichi
20 日	はつか	hatsuka
21 日	にじゅういち にち	nijuichi nichi
22 日	にじゅうに にち	nijuni nichi
23 日	にじゅうさん にち	nijusan nichi
24 日	にじゅうよっか	nijuyokka
25 日	にじゅうご にち	nijugo nichi
26 日	にじゅうろく にち	nijuroku nichi
27 日	にじゅうしち にち	nijushichi nichi
28 日	にじゅうはち にち	nijuhachi nichi
29 日	にじゅうく にち	nijuku nichi
30 日	さんじゅう にち	sanju nichi
31 日	さんじゅういち にち	sanjuichi nichi

これだけは!!
絶対覚えたい
重要パターン21

基本 フレーズ 〔Basic Phrase、基本単词、기본 구절、Mẫu câu cơ bản〕

これは プレゼント です。
Kore wa　　　purezento　　　desu

This is a gift.　　　这是礼物。

이건 선물이에요.　　Đây là món quà tặng.

「これは〜です」は、近くにある物、持っている物を説明し、「あれは〜です」は、離れたところにある物を説明する表現です。

〔English〕　"Kore wa ~ desu" is an expression that explains something that is close by.
　　　　　　"Are wa ~ desu" is an expression that explains something that is over there.

〔中文〕　"Kore wa ~ desu" 是说明近距离事物，或拿在手上事物的指示代名词。
　　　　　"Are wa ~ desu" 则是远距离事物的指示代名词。

〔한국어〕　"Kore wa ~ desu" 가까이에 있는 것을 설명하는 표현, "Are wa ~ desu" 멀리 있는 것을 설명하는 표현입니다.

〔tiếng Việt〕　"Kore wa ~ desu" giải thích, chỉ người, vật hoặc nơi chốn ở gần người nói.
　　　　　　　"Are wa ~ desu" giải thích về người, vật hoặc nơi chốn ở cách xa người nói.

●基本パターン● 〔Basic Pattern、基本句型、기본 패턴、Cấu trúc cơ bản〕

これは	+		+	です
Kore wa				desu

あれは	+		+	です
Are wa				desu

基本パターンで言ってみよう!

これは おみやげ です。
Kore wa　　omiyage　　desu

This is a souvenir.
这是伴手礼。
이것은 선물이에요.
Đây là quà lưu niệm.

これは 私の かばん です。
Kore wa　watashi no kaban　　desu

This is my bag.
这是我的包。
이건 제 가방이에요.
Đây là túi xách của tôi.

これは 私の 住所 です。
Kore wa　watashi no jusho　　desu

This is my address.
这是我的地址。
이건 제 주소예요.
Đây là địa chỉ của tôi.

これは 私の 電話番号 です。
Kore wa　　watashi no denwa bangou　desu

This is my telephone number.
这是我的电话号码。
이것은 나의 전화 번호입니다.
Đây là số điện thoại của tôi.

あれは 駅 です。
Are wa　　eki　　desu

That is a station.
那是车站。
저건 역이에요.
Đó là nhà ga.

あれは 富士山 です。
Are wa　　fujisan　　desu

That is Mt. Fuji.
那是富士山。
저건 후지산이에요.
Đó là núi Phú Sĩ.

●<ruby>否定<rt>ひてい</rt></ruby>パターン● 〔Negative pattern、否定句型、부정 패턴、Cấu trúc phủ định〕

これは	+		+	です
Kore wa				desu

↓

これは	+		+	では ありません
Kore wa				dewa arimasen

これは おみやげ ではありません。
Kore wa　　omiyage　　dewa arimasen

This isn't a souvenir.
这不是伴手礼。
이건 선물이 아니에요.
Đây không phải là quà lưu niệm.

これは <ruby>私<rt>わたし</rt></ruby>の かばん ではありません。
Kore wa　watashi no kaban　　dewa arimasen

This isn't my bag.
这不是我的包。
이건 제 가방이 아니에요.
Đây không phải là túi xách của tôi.

これは <ruby>私<rt>わたし</rt></ruby>の <ruby>住所<rt>じゅうしょ</rt></ruby> ではありません。
Kore wa　watashi no jusho　　dewa arimasen

This isn't my address.
这不是我的住址。
이건 제 주소가 아니에요.
Đây không phải là địa chỉ của tôi.

これは <ruby>私<rt>わたし</rt></ruby>の <ruby>本<rt>ほん</rt></ruby> ではありません。
Kore wa　watashi no hon　　dewa arimasen

This isn't my book.
这不是我的书。
이건 제 책이 아니에요.
Đây không phải là quyển sách của tôi.

●疑問パターン● 〔Interrogative pattern、疑问句型、의문 패턴、Cấu trúc câu hỏi〕

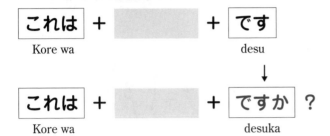

これは	+		+	です
Kore wa				desu

↓

これは	+		+	ですか	？
Kore wa				desuka	

これは おみやげ ですか？
Kore wa omiyage desuka

Is this a souvenir?
这是伴手礼吗?
이건 선물이에요？
Đây có phải là quà lưu niệm không?

これは あなたの かばん ですか？
Kore wa anata no kaban desuka

Is this your bag?
这是你的包吗?
이건 당신 가방이에요？
Đây có phải là túi xách của bạn không?

あれは 駅 ですか？
Are wa eki desuka

Is that a station?
那是车站吗?
저건 역이에요？
Đó có phải là nhà ga không?

答え方

はい、そうです。
Hai soudesu

Yes, it is.
是的。
네, 그렇습니다.
Vâng, đúng vậy.

いいえ、違います。
Iie chigaimasu

No, it isn't.
不是。
아니오, 그렇지 않습니다.
Không, không phải.

2 私(わたし)は～です

Watashi wa ～ desu

基本(きほん) フレーズ 〔Basic Phrase、基本单词、기본 구절、Mẫu câu cơ bản〕

私(わたし)は 学生(がくせい) です。

Watashi wa gakusei desu

I'm a student. 　　我是学生。
저는 학생입니다. 　　Tôi là sinh viên.

「私(わたし)は～です」は、自分(じぶん)のこと（名前(なまえ)、職業(しょくぎょう)など）を話(はな)すときの表現(ひょうげん)です。

〔English〕	"Watashi wa ~ desu" is an expression to talk about your name and occupation, etc.
〔中文〕	"Watashi wa ~ desu" 是在自我介绍时（名字、职业）常用的句型。
〔한국어〕	"Watashi wa ~ desu" 자신 (이름, 직업 등) 에 대해서 말할 때의 표현입니다.
〔tiếng Việt〕	"Watashi wa ~ desu" là cách nói về bản thân (họ tên, nghề nghiệp ...).

●基本(きほん)パターン● 〔Basic Pattern、基本句型、기본 패턴、Cấu trúc cơ bản〕

私(わたし)は + 　　 + です

Watashi wa 　　　　　　 desu

😊 基本パターンで言ってみよう！

私は ナム・フォン です。
Watashi wa　　Nam Fon　　　　desu

I'm Nam Phong.
我叫 Nam Phong。
저는 남 퐁이에요.
Tôi là Nam Phong.

私は 会社員 です。
Watashi wa　kaishain　desu

I'm an office worker.
我是上班族。
저는 회사원이에요.
Tôi là nhân viên công ty.

彼は ベトナム人 です。
Kare wa　　betonamujin　　　desu

He's Vietnamese.
他是越南人。
그는 베트남 사람이에요.
Anh ấy là người Việt Nam.

彼女は 医者 です。
Kanojo wa　　isha　　desu

She's a doctor.
她是医生。
그녀는 의사예요.
Cô ấy là bác sĩ.

父は 教師 です。
Chichi wa　kyoushi　desu

My father is a teacher.
我爸爸是老师。
저희 아버지는 교사예요.
Cha tôi là giáo viên.

私たちは 友だち です。
Watashitachi wa tomodachi　　desu

We are friends.
我们是朋友。
우리는 친구예요.
Chúng ta là bạn bè của nhau.

日本人 (nihonjin)	Japanese	日本人	일본인	Nhật
中国人 (chuugokujin)	Chinese	中国人	중국인	Trung quốc
韓国人 (kankokujin)	Korean	韩国人	한국인	Triều Tiên
名前 (namae)	name	名字	이름	tên

●否定パターン● 〔Negative pattern、否定句型、부정 패턴、Cấu trúc phủ định〕

私は ＋ 〔　〕 ＋ です
Watashi wa　　　　　　desu

↓

私は ＋ 〔　〕 ＋ では ありません
Watashi wa　　　　　　dewa　arimasen

私は 学生 ではありません。
Watashi wa gakusei   dewa arimasen

I'm not a student.
我不是学生。
저는 학생이 아닙니다.
Tôi không phải là sinh viên.

私は 会社員 ではありません。
Watashi wa kaishain   dewa arimasen

I'm not an office worker.
我不是上班族。
저는 회사원이 아니에요.
Tôi không phải là nhân viên công ty.

彼は ベトナム人 ではありません。
Kare wa   betonamujin   dewa arimasen

He isn't Vietnamese.
他不是越南人。
그는 베트남 사람이 아니에요.
Anh ấy không phải là người Việt Nam.

父は 教師 ではありません。
Chichi wa kyoushi   dewa arimasen

My father isn't a teacher.
我爸爸不是老师。
저희 아버지는 교사가 아니에요.
Cha tôi không phải là giáo viên.

●疑問（ぎもん）パターン●　〔Interrogative pattern、疑问句型、의문 패턴、Cấu trúc câu hỏi〕

あなたは	+		+	です
Anata wa				desu

↓

あなたは	+		+	ですか	？
Anata wa				desuka	

あなたは 学生（がくせい） ですか？
Anata wa　　gakusei　　desuka

Are you a student?
你是学生吗?
당신은 학생입니까 ?
Bạn có phải là sinh viên không?

彼（かれ）は ベトナム人（じん） ですか？
Kare wa　　betonamujin　　desuka

Is he Vietnamese?
他是越南人吗?
그는 베트남 사람인가요 ?
Anh ấy có phải là người Việt Nam không?

彼女（かのじょ）は 医者（いしゃ） ですか？
Kanojo wa　　isha　　desuka

Is she a doctor?
她是医生吗?
그녀는 의사예요 ?
Cô ấy có phải là bác sĩ không?

答（こた）え方（かた）

はい、そうです。
Hai　　soudesu

Yes, she is.
是的。
네 , 그렇습니다.
Vâng, đúng vậy.

いいえ、違（ちが）います。
Iie　　chigaimasu

No, she isn't.
不是。
아니오 , 그렇지 않습니다.
Không, không phải.

3 ～は…です（1）

Track 13

～ wa ... desu

基本 フレーズ 〔Basic Phrase、基本单词、기본 구절、Mẫu câu cơ bản〕

私は うれしいです。

Watashi wa　　ureshii desu

I'm glad.　　　我很高兴。

저는 기뻐요.　　Tôi rất vui.

「～は…です」は、主語（人物など）の様子、状態などを表します。

〔English〕	"~ wa ... desu" is an expression to explain the subject (person, etc.)'s feelings or conditions.
〔中文〕	"~ wa ... desu" 是形容主语（人、物）的样子以及状态。
〔한국어〕	"~ wa ... desu" 주어 (인물 등) 의 모습 상태 등을 나타냅니다.
〔tiếng Việt〕	"~ wa ... desu" thể hiện trạng thái, tính tình của chủ thể (người, vật ...).

●基本パターン● 〔Basic Pattern、基本句型、기본 패턴、Cấu trúc cơ bản〕

～ は ＋ ～ です
　　wa　　　　　desu

28

😊 基本パターンで言ってみよう!

彼は やさしいです。
Kare wa　　yasashii desu

He's kind.
他很温柔。
그는 상냥해요.
Anh ấy tốt bụng.

彼女は かわいいです。
Kanojo wa　　kawaii desu

She's cute.
她很可爱。
그녀는 귀여워요.
Cô ấy dễ thương.

彼女は 元気です。
Kanojo wa　genki desu

She's fine.
她很好。
그녀는 잘 지내요.
Chị ấy khoẻ.

祖父は 80才です。
Sohu wa　hachiju sai desu

My grandfather is 80 years old.
我祖父 80 岁了。
조부는 80 세이십니다.
Ông tôi 80 tuổi rồi.

田中さんは 大家さんです。
Tanakasan wa　　oyasan desu

Mr. Tanaka is a landlord.
田中先生是房东。
다나카씨는 집주인입니다.
Ông Tanaka là chủ nhà.

子供は 無料です。
Kodomo wa　muryou desu

Children are free.
小孩不要钱。
어린이는 무료입니다.
Trẻ em được miễn phí.

応用

●否定パターン●
ひ　てい

〔Negative pattern、否定句型、부정 패턴、Cấu trúc phủ định〕

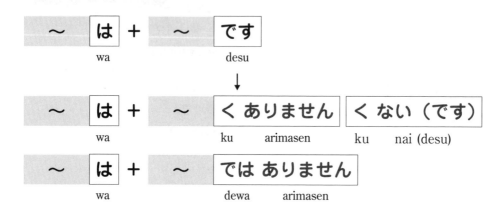

～	は	+	～	です
	wa			desu

↓

～	は	+	～	く ありません	く ない（です）
	wa			ku　arimasen	ku　nai (desu)

～	は	+	～	では ありません
	wa			dewa　arimasen

私は うれしくありません。
わたし

Watashi wa　ureshiku arimasen

I'm not happy.
我不高兴。
저는 기쁘지 않아요.
Tôi không vui.

彼は やさしくない（です）。
かれ

Kare wa　　yasashiku nai (desu)

He isn't kind.
他不温柔。
그는 다정하지 않아 (요).
Anh ấy không tốt bụng.

彼女は 元気ではありません。
かの じょ　　げん き

Kanojo wa　　grenki dewa arimasen

She's not fine.
她不好。
그녀는 잘 지내지 못해요.
Chị ấy không khoẻ.

田中さんは 大家さんではありません。
た なか　　　　おお や

Tanakasan wa　　　oyasan dewa arimasen

Mr. Tanaka isn't a landlord.
田中先生不是房东。
다나카씨는 집주인이 아니에요.
Ông Tanaka không phải là chủ nhà.

子供は 無料ではありません。
こ ども　　む りょう

Kodomo wa　　muryou dewa arimasen

Children aren't free.
小孩不是不要钱。
어린이는 무료가 아니에요.
Trẻ em không được miễn phí.

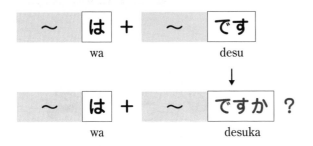

● 疑問パターン ●　〔Interrogative pattern、疑问句型、의문 패턴、Cấu trúc câu hỏi〕

| 〜 | は | + | 〜 | です | |
| | wa | | | desu | |

↓

| 〜 | は | + | 〜 | ですか | ？ |
| | wa | | | desuka | |

あなたは うれしいですか？
Anata wa　　　ureshii desuka

Are you happy?
你开心吗?
당신은 기쁘세요？
Bạn có vui không?

彼は やさしいですか？
Kare wa　　　yasashii desuka

Is he kind?
他温柔吗?
그는 상냥해요？
Anh ấy có hiền không?

彼女は 元気ですか？
Kanojo wa　　genki desuka

Is she fine?
她好吗?
그녀는 잘 지내요？
Chị ấy có khoẻ không?

田中さんは 大家さんですか？
Tanakasan wa　　　oyasan desuka

Is Mr. Tanaka a landlord?
田中先生是房东吗?
다나카씨는 집주인이에요？
Ông Tanaka có phải là chủ nhà không?

子供は 無料ですか？
Kodomo wa　muryou desuka

Are children free?
小孩不要钱吗?
어린이는 무료예요？
Trẻ em có được miễn phí không?

4 ～は…です（2）

～ wa ... desu

基本（きほん）フレーズ 〔Basic Phrase、基本单词、기본 구절、Mẫu câu cơ bản〕

日本料理（にほんりょうり）は おいしいです。

Nihon ryouri wa　　　　oishii desu

Japanese food is delicious.　日本料理很好吃。

일본요리는 맛있습니다.　Món ăn Nhật Bản ngon.

「～は…です」は、主語（しゅご）（物（もの）・事柄（ことがら）など）の様子（ようす）、状態（じょうたい）などを表（あらわ）します。

〔English〕	"~ wa ... desu" is an expression to explain the subject (object or thing, etc.)'s conditions.
〔中文〕	"~ wa ... desu" 是表示主语（事、物）的样子及状态。
〔한국어〕	"~ wa ... desu" 주어 (사물·사실 등) 의 모습이나 상태를 나타냅니다.
〔tiếng Việt〕	"~ wa ... desu" thể hiện tình trạng, tính chất của chủ thể (đồ vật, sự việc ...).

●基本（きほん）パターン● 〔Basic Pattern、基本句型、기본 패턴、Cấu trúc cơ bản〕

　～　は　＋　～　です
　　　wa　　　　　desu

基本パターンで言ってみよう!

その部屋は 広いです。
Sono heya wa　　hiroi desu

The room is spacious.
那个房间很宽广。
그 방은 넓어요.
Căn phòng đó rộng.

この映画は おもしろいです。
Kono eiga wa　　omoshiroi desu

This movie is interesting.
这部电影很有趣。
이 영화는 재미있어요.
Bộ phim này hay.

その道は 狭いです。
Sono michi wa　semai desu

The road is narrow.
那条路很窄。
그 길은 좁아요.
Con đường đó hẹp.

あの川は きれいです。
Ano kawa wa　　kirei desu

That river is beautiful.
那条河很漂亮。
저 강은 깨끗해요.
Con sông đó đẹp.

この薬は 苦いです。
Kono kusuri wa　nigai desu

This medicine is bitter.
这个药很苦。
이 약은 써요.
Thuốc này đắng.

ここは 3階です。
Koko wa　　san gai desu

This is the third floor.
这里是 3 楼。
여기는 3 층이에요.
Đây là tầng ba.

応用 <ruby>応<rt>おう</rt></ruby><ruby>用<rt>よう</rt></ruby>

●<ruby>否定<rt>ひ てい</rt></ruby>パターン● 〔Negative pattern、否定句型、부정 패턴、Cấu trúc phủ định〕

～	は	+	～	です
	wa			desu

↓

～	は	+	～	く ありません	く ない （です）
	wa			ku arimasen	ku nai (desu)

～	は	+	～	では ありません
	wa			dewa arimasen

その<ruby>部屋<rt>へ や</rt></ruby>は <ruby>広<rt>ひろ</rt></ruby>くありません。

Sono heya wa　　hiroku arimasen

The room isn't spacious.
那个房间不宽广。
이 방은 넓지 않습니다.
Căn phòng đó không rộng.

この<ruby>映画<rt>えい が</rt></ruby>は おもしろくありません。

Kono eiga wa　　omoshiroku arimasen

This movie isn't interesting.
这部电影不有趣。
이 영화는 재미없어요.
Bộ phim này không hay.

それは おいしくない （です）。

Sore wa　　oishiku nai (desu)

It's not delicious.
那个不好吃。
그건 맛이 없어 (요).
Món đó không ngon.

この<ruby>薬<rt>くすり</rt></ruby>は <ruby>苦<rt>にが</rt></ruby>くない （です）。

Kono kusuri wa　nigaku nai (desu)

This medicine isn't bitter.
这个药不苦。
이 약은 안 써 (요).
Thuốc này không đắng.

ここは ３<ruby>階<rt>がい</rt></ruby>ではありません。

Koko wa　　san gai dewa arimasen

This isn't the third floor.
这里不是３楼。
여기는 3 층이 아니에요.
Đây không phải là tầng ba.

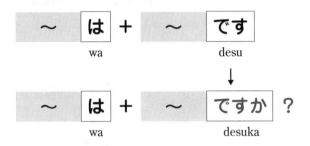

●疑問パターン● 〔Interrogative pattern、疑问句型、의문 패턴、Cấu trúc câu hỏi〕

その部屋は 広いですか？

Sono heya wa　　　hiroi desuka

Is the room spacious?
那个房间宽广吗?
그 방은 넓어요 ?
Căn phòng đó có rộng không?

この映画は おもしろいですか？

Kono eiga wa　　　omoshiroi desuka

Is this movie interesting?
这部电影有趣吗?
이 영화는 재미있어요 ?
Bộ phim này có hay không?

それは おいしいですか？

Sore wa　　　oishii desuka

Is it delicious?
那个好吃吗?
그건 맛있어요 ?
Món đó có ngon không?

渋谷は 近いですか？

Shibuya wa　　chikai desuka

Is Shibuya nearby?
涩谷很近吗?
시부야는 가까워요 ?
Shibuya có ở gần đây không?

ここは 3 階ですか？

Koko wa　　san gai desuka

Is this the third floor?
这里是三楼吗?
여기는 3 층이에요 ?
Đây có phải là tầng 3 không?

5 ～は…にいます、～がいます

Track 15

～ wa ... ni imasu,　～ ga imasu

基本（きほん） **フレーズ** 〔Basic Phrase、基本単词、기본 구절、Mẫu câu cơ bản〕

彼（かれ）は 家（いえ）に います。
Kare wa　ie ni　　imasu

He's at home.　　他在家。

그는 집에 있습니다.　Anh ấy đang ở nhà.

「～は…にいます」「～がいます」は、人（ひと）や動物（どうぶつ）が存在（そんざい）することを表（あらわ）します。

〔English〕	"~ wa ... ni imasu" "~ ga imasu" are expressions to explain that a person or animal exists.
〔中文〕	"~ wa ... ni imasu" "~ ga imasu" 是表示人或动物的存在。
〔한국어〕	"~ wa ... ni imasu" "~ ga imasu" 사람이나 동물이 존재하는 것을 나타냅니다.
〔tiếng Việt〕	"~ wa ... ni imasu" "~ ga imasu" thể hiện vị trí của người và động vật.

●基本（きほん）パターン● 〔Basic Pattern、基本句型、기본 패턴、Cấu trúc cơ bản〕

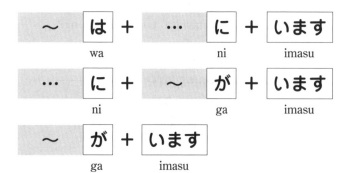

～　は＋…　に＋います
　　wa　　　　ni　　imasu

…　に＋～　が＋います
　　ni　　　　ga　　imasu

～　が＋います
　　ga　　imasu

😊 基本パターンで言ってみよう!

私は 今 会社に います。
Watashi wa ima kaisha ni imasu

I'm in the office now.
我现在在公司。
저는 지금 회사에 있어요.
Bây giờ tôi đang ở công ty.

彼女は その教室に います。
Kanojo wa sono kyoushitsu ni imasu

She's in the classroom.
她在那个教室。
그녀는 그 교실에 있어요.
Cô ấy đang ở trong lớp học đó.

我が家に ネコが います。
Wagaya ni neko ga imasu

We have a cat in our house.
我家有猫。
집에 고양이가 있어요.
Nhà tôi có mèo.

姉が います。
Ane ga imasu

I have an older sister.
我有姐姐。
언니가 있어요.
Tôi có chị gái.

好きな人が います。
Sukina hito ga imasu

I have someone I like.
我有喜欢的人。
좋아하는 사람이 있어요.
Tôi thích một người.

恋人が います。
Koibito ga imasu

I have a lover.
我有对象。
애인이 있어요.
Tôi có người yêu rồi.

●否定パターン● 〔Negative pattern、否定句型、부정 패턴、Cấu trúc phủ định〕

～	は	+	…	に	+	いません
	wa			ni		imasen

…	に	+	～	は	+	いません
	ni			wa		imasen

～	は	+	いません
	wa		imasen

彼は 家に いません。
Kare wa　ie ni　　imasen

He's not at home.
他不在家。
그는 집에 없습니다.
Anh ấy không có ở nhà.

私は 今、会社に いません。
Watashi wa　ima kaisha ni　　imasen

I'm not in the office now.
我现在不在公司。
저는 지금 회사에 없어요.
Bây giờ tôi không có ở công ty.

この動物園に パンダは いません。
Kono doubutsuen ni　　panda wa　　imasen

There are no pandas in this zoo.
这个动物园没有熊猫。
이 동물원에 팬더곰은 없어요.
Trong sở thú này không có gấu trúc.

きょうだいは いません。
Kyoudai wa　　imasen

I don't have siblings.
我没有兄弟姐妹。
형제가 없어요.
Tôi không có anh chị em ruột.

恋人は いません。
Koibito wa　　imasen

I don't have a lover.
我没有对象。
애인은 없어요.
Tôi không có người yêu.

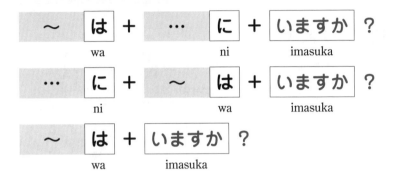

●疑問パターン● 〔Interrogative pattern、疑问句型、의문 패턴、Cấu trúc câu hỏi〕

| ～ | は | + | … | に | + | いますか | ？ |
| wa | | | | ni | | imasuka | |

| … | に | + | ～ | は | + | いますか | ？ |
| ni | | | | wa | | imasuka | |

| ～ | は | + | いますか | ？ |
| wa | | | imasuka | |

彼は 家に いますか？
Kare wa　ie ni　　imasuka

Is he at home?
他在家吗?
그는 집에 있습니까?
Anh ấy có ở nhà không?

あなたは 今、会社に いますか？
Anata wa　　ima　　kaisha ni　　imasuka

Are you in the office now?
你现在在公司吗?
당신은 지금 회사에 있어요?
Bây giờ bạn có đang ở công ty không?

その教室に 彼女は いますか？
Sono kyoushitsu ni　kanojo wa　　imasuka

Is she in the classroom?
她在那个教室吗?
그 교실에 그녀가 있나요?
Cô ấy có ở trong lớp học đó không?

きょうだいは いますか？
Kyoudai wa　　　imasuka

Do you have siblings?
你有兄弟姐妹吗?
형제가 있어요?
Bạn có anh chị em ruột không?

恋人は いますか？
Koibito wa　　imasuka

Do you have a lover?
你有对象吗?
애인 있어요?
Bạn đã có người yêu chưa?

6 〜は…にあります、〜があります

Track 16

〜 wa … ni arimasu, 〜 ga arimasu

〔<ruby>基本<rt>きほん</rt></ruby>〕 フレーズ♪ 〔Basic Phrase、基本单词、기본 구절、Mẫu câu cơ bản〕

<ruby>銀行<rt>ぎんこう</rt></ruby>は そこの<ruby>角<rt>かど</rt></ruby>に あります。

Ginkou wa　　sokono kado ni　　arimasu

There is a bank at the corner.　　銀行在那个转角。

은행은 그 코너에 있어요.　　Ngân hàng ở góc đường đó.

「〜は…にあります」「〜があります」は、<ruby>建物<rt>たてもの</rt></ruby>・<ruby>物事<rt>ものごと</rt></ruby>などが<ruby>存在<rt>そんざい</rt></ruby>することを<ruby>表<rt>あらわ</rt></ruby>します。

〔English〕	"~ wa … ni arimasu" "~ ga arimasu" are expressions to explain that a building or a thing exists.
〔中文〕	"~ wa … ni arimasu" "~ ga arimasu" 表示建筑物、事物等的存在。
〔한국어〕	"~ wa … ni arimasu" "~ ga arimasu" 건물・사물 등이 존재하는 것을 나타냅니다.
〔tiếng Việt〕	"~ wa … ni arimasu" "~ ga arimasu" thể hiện vị trí của đồ vật, nhà cửa.

●<ruby>基本<rt>きほん</rt></ruby>パターン● 〔Basic Pattern、基本句型、기본 패턴、Cấu trúc cơ bản〕

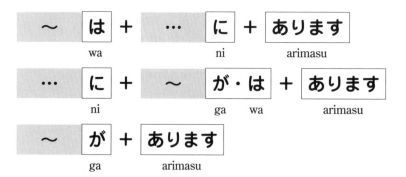

40

😊 基本パターンで言ってみよう!

トイレは あそこに あります。
Toire wa　　　asoko ni　　　arimasu

The bathroom is over there.
厕所在那。
화장실은 저기 (에) 있어요.
Nhà vệ sinh ở đằng kia.

あそこに バス乗り場が あります。
Asoko ni　　　basu noriba ga　　　arimasu

There is a bus stop over there.
那里有公交站。
저기 버스 정류장이 있어요.
Ở đằng kia có trạm xe buýt.

この店に その商品は あります。
Kono mise ni　sono shouhin wa　　arimasu

We have the product in this store.
这间店有那个商品。
이 가게에 그 상품이 있어요.
Ở cửa hàng này có mặt hàng đó.

今日、用事が あります。
Kyou　　youji ga　　arimasu

I have an errand to run today.
我今天有事。
오늘 볼일이 있어요.
Hôm nay tôi có việc bận.

明日、試験が あります。
Ashita　　shiken ga　　arimasu

We have an exam tomorrow.
明天有考试。
내일 시험이 있어요.
Ngày mai tôi có bài thi.

（私は）熱が あります。
（Watashi wa）netsu ga　arimasu

I have a fever.
我发烧了。
(저는) 열이 있어요.
Tôi bị sốt.

●否定パターン● <ruby>否定<rt>ひ てい</rt></ruby>

〔Negative pattern、否定句型、부정 패턴、Cấu trúc phủ định〕

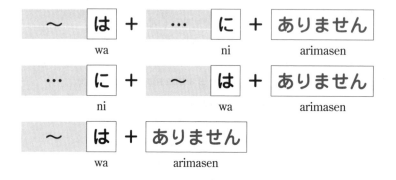

| 〜 | は | + | … | に | + | ありません |
| wa | | | | ni | | arimasen |

| … | に | + | 〜 | は | + | ありません |
| ni | | | | wa | | arimasen |

| 〜 | は | + | ありません |
| wa | | | arimasen |

トイレは この<ruby>階<rt>かい</rt></ruby>に ありません。
Toire wa　　kono kai ni　　arimasen

There are no bathrooms on this floor.
这层没有厕所。
화장실은 이 층에는 없어요.
Ở tầng này không có nhà vệ sinh.

<ruby>近<rt>ちか</rt></ruby>くに コンビニは ありません。
Chikau ni　　konbini wa　　arimasen

There is no convenience store nearby.
附近没有便利商店。
근처에 편의점은 없어요.
Ở gần đây không có cửa hàng tiện lợi.

この<ruby>店<rt>みせ</rt></ruby>に その<ruby>商品<rt>しょう ひん</rt></ruby>は ありません。
Kono mise ni　　sono shouhin wa　　arimasen

We don't have the product in this store.
这间店没有卖那样商品。
이 가게에 그 상품은 없어요.
Ở cửa hàng này không có mặt hàng đó.

<ruby>明日<rt>あした</rt></ruby>、<ruby>試験<rt>し けん</rt></ruby>は ありません。
Ashita　　shiken wa　　arimasen

We don't have exams tomorrow.
明天没有考试。
내일 시험은 없어요.
Ngày mai không có bài thi.

<ruby>公園<rt>こう えん</rt></ruby>は <ruby>駅<rt>えき</rt></ruby>の<ruby>近<rt>ちか</rt></ruby>くには ありません。
Kouen wa　　eki no chikaku niwa　　arimasen

※<ruby>近<rt>ちか</rt></ruby>くにはないが、<ruby>少<rt>すこ</rt></ruby>し<ruby>遠<rt>とお</rt></ruby>い<ruby>所<rt>ところ</rt></ruby>にある。

The park isn't near the station.
车站附近没有公园。
공원은 역 근처에는 없어요.
Công viên không ở gần ga.

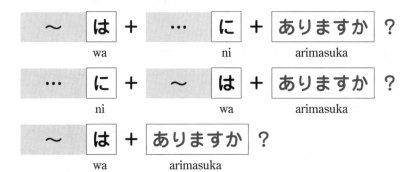

●疑問パターン● 〔Interrogative pattern、疑问句型、의문 패턴、Cấu trúc câu hỏi〕

| ～ | は | + | … | に | + | ありますか | ？ |

wa　　　ni　　arimasuka

| … | に | + | ～ | は | + | ありますか | ？ |

ni　　　wa　　arimasuka

| ～ | は | + | ありますか | ？ |

wa　　arimasuka

トイレは この階に ありますか？
Toire wa　　kono kai ni　　arimasuka

Is there a bathroom on this floor?
这层有厕所吗？
이 층에 화장실이 있습니까？
Ở tầng này có nhà vệ sinh không?

近くに コンビニは ありますか？
Chikaku ni　　konbini wa　　arimasuka

Is there a convenience store nearby?
附近有便利商店吗？
가까이에 편의점이 있나요？
Ở gần đây có cửa hàng tiện lợi không?

駅前に バス乗り場は ありますか？
Ekimae ni　　basu noriba wa　　arimasuka

Is there a bus stop in front of the station?
车站前面有公交站吗？
역앞에 버스 정류장이 있나요？
Ở trước ga có trạm xe buýt không?

飲み物は ありますか？
Nomimono wa　　arimasuka

Do you have some drinks?
有喝的东西吗？
음료수 있어요？
Có đồ uống không?

S サイズは ありますか？
Esu saizu wa　　arimasuka

Do you have this in small?
有小号的吗？
S 사이즈 있어요？
Có cỡ S không?

明日、試験は ありますか？
Ashita　　shiken wa　　arimasuka

Will there be an exam tomorrow?
明天有考试吗？
내일 시험은 있나요？
Ngày mai có bài thi không?

～します

Track 17

～ shimasu

基本 フレーズ 〔Basic Phrase、基本单词、기본 구절、Mẫu câu cơ bản〕

私は 会社で 仕事します。

Watashi wa kaisha de   shigoto shimasu

I work at the company.　　我在公司工作。

저는 회사에서 일합니다.　　Tôi làm việc ở công ty.

「～します」は、主語がある行為をすることを表します。

〔English〕	"～ shimasu" is an expression to explain that the subject does a certain activity.
〔中文〕	"～ shimasu" 是形容主语从事某种行为。
〔한국어〕	"～ shimasu" 주어가 어떤 행위를 하는 것을 나타냅니다.
〔tiếng Việt〕	"～ shimasu" thể hiện hành động của chủ thể.

●基本パターン● 〔Basic Pattern、基本句型、기본 패턴、Cấu trúc cơ bản〕

～	は	+	～	します
	wa			shimasu

😊 基本パターンで言ってみよう!

私は 毎朝、散歩します。
Watashi wa maiasa sanpo shimasu

I take a walk every morning.
我每天早上散步。
저는 매일 아침 , 산책을 해요 .
Hàng sáng tôi đi dạo.

私は 午後、外出します。
Watashi wa gogo gaishutsu shimasu

I'll go out in the afternoon.
我下午会外出。
저는 오후에 외출해요 .
Buổi chiều tôi đi vắng.

彼に 電話します。
Kare ni denwa shimasu

I'll call him.
（我）打电话给他。
그에게 전화해요 .
Tôi gọi điện thoại cho anh ấy.

私は 図書館で 勉強します。
Watashi wa toshokan de benkyou shimasu

I study in the library.
我在图书馆学习。
저는 도서관에서 공부합니다 .
Tôi học ở thư viện.

明日、レポートを 提出します。
Ashita repoto wo teishutsu shimasu

I'll submit a report tomorrow.
我明天会提交报告。
내일 레포트를 제출하겠습니다 .
Ngày mai tôi sẽ nộp báo cáo.

電車が 到着します。
Densha ga touchaku shimasu

The train arrives.
电车快到站了。
전동차가 도착합니다 .
Xe điện đến.

●否定_{ひ てい}パターン● 〔Negative pattern、否定句型、부정 패턴、Cấu trúc phủ định〕

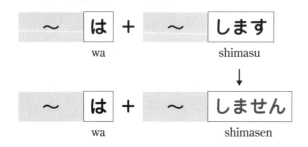

~ は + ~ します
wa shimasu

↓

~ は + ~ しません
wa shimasen

私_{わたし}は 車_{くるま}を 運転_{うん てん}しません。

Watashi wa kuruma wo unten shimasen

I don't drive a car.
我不开车。
저는 차를 운전하지 않아요.
Tôi không lái xe.

私_{わたし}は 今日_{きょう}、買_かい物_{もの}しません。

Watashi wa kyou   kaimono shimasen

I don't go shopping today.
我今天不买东西。
저는 오늘 쇼핑을 안 할 거예요.
Hôm nay tôi không đi mua đồ.

彼_{かれ}は お酒_{さけ}を 飲_のみません。

Kare wa osake wo   nomimasen

He doesn't drink alcohol.
他不喝酒。
그는 술을 마시지 않습니다.
Anh ấy không uống rượu.

バスが 来_きません。

Basu ga   kimasen

The bus doesn't come.
公交不来。
버스가 오지 않아요.
Xe buýt không đến.

機械_{き かい}が 動_{うご}きません。

Kikai ga   ugokimasen

The machine doesn't work.
机器不动。
기계가 움직이지 않아요.
Máy không hoạt động.

●疑問パターン● 〔Interrogative pattern、疑问句型、의문 패턴、Cấu trúc câu hỏi〕

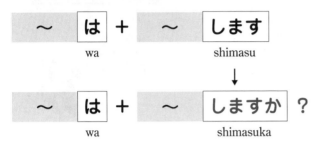

〜　は　＋　〜　します
　　　wa　　　　　　shimasu

↓

〜　は　＋　〜　しますか　？
　　　wa　　　　　　shimasuka

あなたは 車を 運転しますか？
Anata wa　　kuruma wo　　unten shimasuka

Do you drive a car?
你开车吗?
당신은 차를 운전합니까?
Bạn có lái xe ô tô không?

あなたは 今日、買い物しますか？
Anata wa　　　kyou　　　　kaimono shimasuka

Do you go shopping today?
你今天买东西吗?
당신은 오늘 쇼핑하세요?
Hôm nay bạn có đi mua đồ không?

あなたは 毎日、勉強しますか？
Anata wa　　mainichi　　benkyou shimasuka

Do you study every day?
你每天学习吗?
당신은 매일 공부를 하나요?
Hàng ngày bạn có học bài không?

彼は お酒を 飲みますか？
Kare wa　osake wo　　　　nomimasuka

Does he drink alcohol?
他喝酒吗?
그는 술을 마시나요?
Anh ấy có uống rượu không?

あなたは サッカーを しますか？
Anata wa　　　sakka wo　　　shimasuka

Do you play soccer?
你踢足球吗?
당신은 축구를 하나요?
Bạn có chơi bóng đá không?

8 〜したいです

Track 18

〜 shitaidesu

基本 フレーズ 〔Basic Phrase、基本単词、기본 구절、Mẫu câu cơ bản〕

私は その映画を 見たいです。

Watashi wa　sono eiga wo　　mitai desu

I want to see the movie.　　我想看那部电影。

저는 그 영화를 보고 싶어요.　　Tôi muốn xem bộ phim đó.

「〜したいです」は、主語がある行為を希望していることを表します。

〔English〕	"~ shitaidesu" is an expression to explain that the subject wants to do a certain activity.
〔中文〕	"~ shitaidesu" 是主语期望做某种行为的句型。
〔한국어〕	"~ shitaidesu" 주어가 어떤 행위를 희망함을 나타냅니다.
〔tiếng Việt〕	"~ shitaidesu" thể hiện mong muốn làm một việc gì đó của chủ thể.

●基本パターン● 〔Basic Pattern、基本句型、기본 패턴、Cấu trúc cơ bản〕

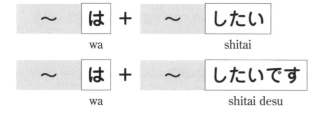

4〜　は　+　〜　したい
　　　wa　　　　　　shitai

〜　は　+　〜　したいです
　　　wa　　　　　　shitai desu

基本パターンで言ってみよう!

私は そこへ 行きたい。
Watashi wa soko e ikitai

I want to go there.
我想去那里。
나는 거기에 가고 싶다.
Tôi muốn đến đó.

私は お寿司を 食べたいです。
Watashi wa osushi wo tabetai desu

I want to eat sushi.
我想吃寿司。
저는 초밥을 먹고 싶어요.
Tôi muốn ăn sushi.

私は あなたに 会いたいです。
Watashi wa anata ni aitai desu

I would love to meet you.
我想见你。
저는 당신을 만나고 싶어요.
Tôi muốn gặp bạn.

私は 日本で 就職したいです。
Watashi wa nihon de shushoku shitai desu

I want to get a job in Japan.
我想在日本工作。
저는 일본에서 취직하고 싶어요.
Tôi muốn tìm việc làm ở Nhật Bản.

銀行で お金を おろしたいです。
Ginkou de okane wo oroshitai desu

I want to withdraw money at the bank.
我想去银行领钱。
은행에서 돈을 찾고 싶어요.
Tôi muốn rút tiền ở ngân hàng.

大阪へ 荷物を 送りたいです。
Osaka e nimotsu wo okuritai desu

I want to send my luggage to Osaka.
我想寄东西去大阪。
오사카에 짐을 보내고 싶어요.
Tôi muốn gửi hàng đến Osaka.

●否定パターン● ひ てい 〔Negative pattern、否定句型、부정 패턴、Cấu trúc phủ định〕

～	は	+	～	したい（です）
	wa			shitai (desu)

↓

～	は	+	～	したくない（です）
	wa			shitakunai (desu)

～	は	+	～	したくありません
	wa			shitaku arimasen

私は そこへ 行きたくない。
わたし　　　　　　　い
Watashi wa soko e ikitakunai

I don't want to go there.
我不想去那里。
나는 거기 가고 싶지 않아.
Tôi không muốn đến đó.

私は その映画を 見たくない。
わたし　　えい が　　　　み
Watashi wa sono eiga wo mitakunai

I don't want to see the movie.
我不想看那部电影。
나는 그 영화를 보고 싶지 않아.
Tôi không muốn xem bộ phim đó.

私は 参加したくないです。
わたし　　さん か
Watashi wa sanka shitakunai desu

I don't want to participate.
我不想参加。
저는 참가하고 싶지 않아요.
Tôi không muốn tham gia.

私は 彼に 会いたくありません。
わたし　かれ　　あ
Watashi wa kare ni aitaku arimasen

I don't want to see him.
我不想见他。
저는 그를 만나고 싶지 않아요.
Tôi không muốn gặp anh ấy.

今日、残業したくありません。
きょう　　ざん ぎょう
Kyou zangyou shitaku arimasen

I don't want to work overtime today.
今天不想加班。
오늘은 잔업하고 싶지 않아요.
Hôm nay tôi không muốn làm ngoài giờ.

●疑問パターン●　〔Interrogative pattern、疑问句型、의문 패턴、Cấu trúc câu hỏi〕

〜	は	＋	〜	したい（です）
	wa			shitai (desu)

↓

〜	は	＋	〜	したい	？
	wa			shitai	

〜	は	＋	〜	したいですか	？
	wa			shitai desuka	

あなたは そこへ 行きたい？
Anata wa　　soko e　　ikitai

Do you want to go there?
你想去那里吗？
너는 거기 가고 싶어 ?
Bạn có muốn đến đó không?

あなたは その映画を 見たい？
Anata wa　　sono eiga wo　　mitai

Do you want to see the movie?
你想看那部电影吗？
너는 그 영화를 보고 싶니 ?
Bạn có muốn xem bộ phim đó không?

あなたは 参加したいですか？
Anata wa　　sanka shitai desuka

Do you want to participate?
你想参加吗？
당신은 참가하고 싶어요 ?
Bạn có muốn tham gia không?

あなたは 彼に 会いたいですか？
Anata wa　kare ni　　aitai desuka

Do you want to see him?
你想见他吗？
당신은 그를 만나고 싶어요 ?
Bạn có muốn gặp anh ấy không?

あなたは 日本で 就職したいですか？
Anata wa　　nihon de　　shushoku shitai desuka

Do you want to get a job in Japan?
你想在日本工作吗？
당신은 일본에서 취직하고 싶어요 ?
Bạn có muốn tìm việc làm ở Nhật Bản không?

〔Basic Phrase、基本単词、기본 구절、Mẫu câu cơ bản〕

私は 今、お昼を 食べています。

Watashi wa ima　ohiru wo　　　tabete imasu

I'm eating lunch now.　　　　我现在在吃午饭。

저는 지금 점심을 먹고 있어요.　　Bây giờ tôi đang ăn trưa.

「〜しています」は今、ある行為が進行中であることを表します。

〔English〕	"~ shiteimasu" is an expression to explain that the subject is currently doing a certain activity.
〔中文〕	"~ shiteimasu" 是表示现在进行中的事。
〔한국어〕	"~ shiteimasu" 어떤 행위가 진행중에 있음을 나타냅니다.
〔tiếng Việt〕	"~ shiteimasu" thể hiện trạng thái đang tiến triển của hành động.

●基本パターン●〔Basic Pattern、基本句型、기본 패턴、Cấu trúc cơ bản〕

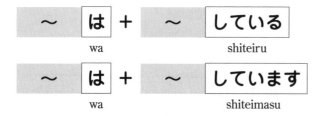

52

基本パターンで言ってみよう！

私は テレビを 見ています。
Watashi wa terebi wo   mite imasu

I'm watching TV.
我在看电视。
저는 티브이를 보고 있어요.
Tôi đang xem tivi.

彼は 電話しています。
Kare wa   denwashite imasu

He's on the phone.
他在讲电话。
그는 전화를 하고 있어요.
Anh ấy đang nghe điện thoại.

彼女は 料理しています。
Kanojo wa   ryourishite imasu

She's cooking.
她在做饭。
그녀는 요리를 하고 있어요.
Cô ấy đang nấu ăn.

雨が 降っています。
Ame ga   hutte imasu

It's raining.
雨在下。
비가 오고 있어요.
Trời đang mưa.

私は そちらに 向かっています。
Watashi wa sochira ni   mukatte imasu

I'm heading there.
我正往那里去。
저는 그쪽으로 가고 있어요.
Tôi đang đi đến đó.

子供たちが 外で 遊んでいます。
Kodomotachi ga   soto de   asonde imasu

Children are playing outside.
小孩在外面玩。
아이들이 밖에서 놀고 있어요.
Trẻ em đang chơi ở bên ngoài.

応用
<ruby>応<rt>おう</rt></ruby> <ruby>用<rt>よう</rt></ruby>

●<ruby>否定<rt>ひ てい</rt></ruby>パターン● 〔Negative pattern、否定句型、부정 패턴、Cấu trúc phủ định〕

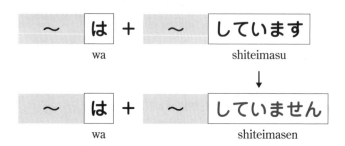

~ は + ~ しています
wa　　　　　　　　shiteimasu

↓

~ は + ~ していません
wa　　　　　　　　shiteimasen

<ruby>私<rt>わたし</rt></ruby>は テレビを <ruby>見<rt>み</rt></ruby>ていません。
Watashi wa　terebi wo　　　　mite imasen

I'm not watching TV.
我没在看电视。
저는 티브이를 보고 있지 않아요.
Tôi không xem tivi.

<ruby>彼<rt>かれ</rt></ruby>は <ruby>電話<rt>でん わ</rt></ruby>していません。
Kare wa　　　　denwa shite imasen

He isn't on the phone.
他没在讲电话。
그는 전화하고 있지 않습니다.
Anh ấy không gọi điện thoại.

<ruby>彼女<rt>かの じょ</rt></ruby>は <ruby>料理<rt>りょう り</rt></ruby>していません。
Kanojo wa　　　　ryouri shite imasen

She isn't cooking.
她没在做饭。
그녀는 요리를 안 하고 있어요.
Cô ấy không nấu ăn.

<ruby>雨<rt>あめ</rt></ruby>は <ruby>降<rt>ふ</rt></ruby>っていません。
Ame wa　　　　hutte imasen

It isn't raining.
雨没在下。
비가 안 와요.
Trời không mưa.

<ruby>機械<rt>き かい</rt></ruby>は <ruby>今<rt>いま</rt></ruby>、<ruby>動<rt>うご</rt></ruby>いていません。
Kikai wa　　ima　　　　ugoite imasen

The machine isn't working now.
机器现在没在动。
기계는 지금 움직이고 있지 않습니다.
Máy bây giờ không hoạt động.

●疑問パターン● 〔Interrogative pattern、疑问句型、의문 패턴、Cấu trúc câu hỏi〕

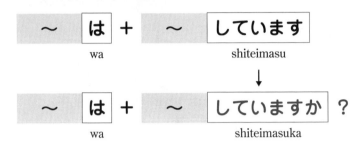

〜	は	+	〜	しています
	wa			shiteimasu

↓

〜	は	+	〜	していますか	？
	wa			shiteimasuka	

彼は 音楽を 聞いていますか？
Kare wa ongaku wo   kiite imasuka

Is he listening to music?
他在听音乐吗?
그는 음악을 듣고 있어요 ?
Anh ấy có đang nghe nhạc không?

彼は 電話していますか？
Kare wa   denwashite imasuka

Is he on the phone?
他在讲电话吗?
그는 전화하고 있나요 ?
Anh ấy có đang nghe điện thoại không?

彼女は 料理していますか？
Kanojo wa   ryourishite imasuka

Is she cooking?
她在做饭吗?
그녀는 요리를 하고 있나요 ?
Cô ấy có đang nấu ăn không?

雨は 降っていますか？
Ame wa   hutte imasuka

Is it raining?
雨在下吗?
비가 오고 있나요 ?
Trời có đang mưa không?

機械は 今、動いていますか？
Kikai wa   ima   ugoite imasuka

Is the machine working now?
机器现在在动吗?
기계가 지금 움직이고 있어요 ?
Máy bây giờ có đang hoạt động không?

～しています（2）

Track 20

～ shiteimasu

基本 フレーズ 〔Basic Phrase、基本单词、기본 구절、Mẫu câu cơ bản〕

私は 工場で 働いています。

Watashi wa koujou de   hataraite imasu

I work in a factory.　　　　　我在工厂上班。

저는 공장에서 일하고 있습니다.　Tôi hiện đang làm việc ở nhà máy.

「～しています」は、ある状態が進行中・継続中であることを表します。

〔English〕	"~ shiteimasu" is an expression to explain that the subject is currently under a certain condition and continuing (to do something).
〔中文〕	"~ shiteimasu" 是表示某种状态正在进行、持续的状态。
〔한국어〕	"~ shiteimasu" 어떤 행위가 진행・계속중에 있음을 나타냅니다.
〔tiếng Việt〕	"~ shiteimasu" thể hiện sự tiến triển và tiếp diễn của một hành động hoặc trạng thái nào đó.

●基本パターン● 〔Basic Pattern、基本句型、기본 패턴、Cấu trúc cơ bản〕

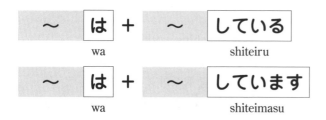

～	は	+	～	している
	wa			shiteiru

～	は	+	～	しています
	wa			shiteimasu

基本パターンで言ってみよう!

彼は 大阪に 住んでいます。
Kare wa　osaka ni　　　sunde imasu

He lives in Osaka.
他住在大阪。
저는 오사카에 살고 있어요.
Anh ấy đang sống ở Osaka.

兄は 中国へ 行っています。
Ani wa　chugoku e　　　itte imasu

My brother has gone to China.
我哥哥在中国。
형은 중국에 가 있어요.
Anh trai tôi đang đi Trung Quốc.

私は 彼を 覚えています。
Watashi wa　kare wo　oboete imasu

I remember him.
我记得他。
저는 그를 기억하고 있어요.
Tôi còn nhớ anh ấy.

私は 彼女を 知っています。
Watashi wa　kanojo wo　　shitte imasu

I know her.
我知道她。
저는 그녀를 알고 있어요.
Tôi biết cô ấy.

私は 彼女を 愛しています。
Watashi wa　kanojo wo　　aishite imasu

I love her.
我爱她。
저는 그녀를 사랑하고 있어요.
Tôi yêu cô ấy.

リンさんは 入院しています。
Rinsan wa　　　　nyuinshite imasu

Lynn is in the hospital.
林先生住院了。
린씨는 입원 중이에요.
Ông Linh đang nằm viện.

●否定パターン● 〔Negative pattern、否定句型、부정 패턴、Cấu trúc phủ định〕

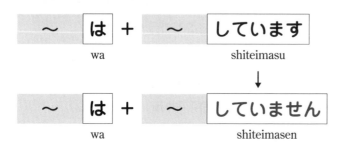

~ **は** + ~ **しています**
wa　　　　　shiteimasu

↓

~ **は** + ~ **していません**
wa　　　　　shiteimasen

私は 工場で 働いていません。
Watashi wa koujou de   hataraite imasen

I don't work in a factory.
我没在工厂上班。
저는 공장에서 일하고 있지 않습니다.
Tôi không làm việc ở nhà máy.

彼は 大阪に 住んでいません。
Kare wa   osaka ni   sunde imasen

He doesn't live in Osaka.
他不住在大阪。
그는 오사카에 살고 있지 않아요.
Anh ấy không sống ở Osaka.

私は 彼を 覚えていません。
Watashi wa kare wo   oboete imasen

I don't remember him.
我不记得他。
저는 그가 기억나지 않아요.
Tôi không nhớ anh ấy.

私は 彼女を 愛していません。
Watashi wa kanojo wo   aishite imasen

I don't love her.
我不爱她。
저는 그녀를 사랑하지 않아요.
Tôi không yêu cô ấy.

リンさんは 入院していません。
Rinsan wa   nyuinshite imasen

Lynn isn't in the hospital.
林先生没有住院。
린씨는 입원하지 않았어요.
Ông Linh không nằm viện.

●疑問パターン● 〔Interrogative pattern、疑问句型、의문 패턴、Cấu trúc câu hỏi〕

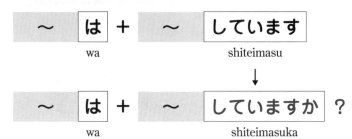

～ ＋ は + ～ しています
　　wa　　　　　shiteimasu
↓
～ ＋ は + ～ していますか ？
　　wa　　　　　shiteimasuka

あなたは 工場で 働いていますか？
Anata wa　　koujou de　　hataraite imasuka

Do you work in a factory?
你在工厂上班吗？
당신은 공장에서 일하고 있어요？
Bạn có đang làm việc ở nhà máy không?

彼は 大阪に 住んでいますか？
Kare wa　osaka ni　　　　sunde imasuka

Does he live in Osaka?
他住在大阪吗？
그는 오사카에 살고 있나요？
Anh ấy có đang sống ở Osaka không?

あなたは 彼を 覚えていますか？
Anata wa　　kare wo　　oboete imasuka

Do you remember him?
你记得他吗？
당신은 그를 기억하고 있나요？
Bạn có nhớ anh ấy không?

あなたは 彼女を 愛していますか？
Anata wa　　kanojo wo　　aishite imasuka

Do you love her?
你爱她吗？
당신은 그녀를 사랑하고 있나요？
Bạn có yêu cô ấy không?

リンさんは 入院していますか？
Rinsan wa　　　　nyuinshite imasuka

Is Lynn in the hospital?
林先生住院了吗？
린씨는 입원해 있어요？
Ông Linh có nằm viện không?

11 〜しました

〜 shimashita

基本 フレーズ 🎵 〔Basic Phrase、基本单词、기본 구절、Mẫu câu cơ bản〕

私は 昨日 テニスを しました。

Watashi wa kinou   tenisu wo   shimashita

I played tennis yesterday.	我昨天打网球了。
저는 어제 테니스를 쳤습니다.	Hôm qua tôi chơi ten nít.

「〜しました」は、主語がある行為を過去にしたことを表します。

〔English〕	"〜 shimashita" is an expression to explain that the subject did a certain activity in the past.
〔中文〕	"〜 shimashita" 是表示主语在过去做了某个动作。
〔한국어〕	"〜 shimashita" 주어가 어떤 행위를 과거에 했음을 나타냅니다.
〔tiếng Việt〕	"〜 shimashita" thể hiện một hành động nào đó của chủ thể trong quá khứ.

●基本パターン● 〔Basic Pattern、基本句型、기본 패턴、Cấu trúc cơ bản〕

〜 は + 〜 しました
　　 wa 　　　　 shimashita

😊 基本パターンで言ってみよう!

昨夜、彼女に 電話しました。
Sakuya　kanojo ni　denwa shimashita

I called her last night.
我昨晚打电话给她了。
어젯밤에 그녀에게 전화했어요.
Tối hôm qua, tôi gọi điện thoại cho cô ấy.

昨日、友達に 会いました。
Kinou　tomodachi ni　aimashita

I met a friend yesterday.
我昨天跟朋友见面了。
어제 친구를 만났어요.
Hôm qua tôi gặp bạn tôi.

去年、彼は 結婚しました。
Kyonen　kare wa　kekkon shimashita

He got married last year.
他去年结婚了。
작년에 그는 결혼했어요.
Năm ngoái, anh ấy kết hôn.

先週、彼は 旅行に 行きました。
Senshu　kare wa　ryokou ni　ikimashita

He went on a trip last week.
他上周去旅行了。
지난주에 그는 여행을 갔어요.
Tuần trước, anh ấy đi du lịch.

先月、その本を 買いました。
Sengetsu　sono hon wo　kaimashita

I bought the book last month.
我上个月买了那本书。
지난달에 그 책을 샀어요.
Tháng trước tôi mua quyển sách đó.

先月、その本を 読みました。
Sengetsu　sono hon wo　yomimashita

I read the book last month.
我上个月看了那本书。
지난달에 그 책을 읽었어요.
Tháng trước tôi đã đọc quyển sách đó.

応用（おうよう）

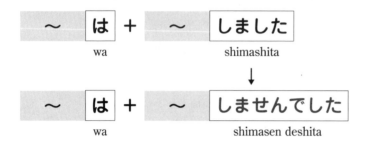

●否定パターン● 〔Negative pattern、否定句型、부정 패턴、Cấu trúc phủ định〕

~ は + ~ しました
wa   shimashita

↓

~ は + ~ しませんでした
wa   shimasen deshita

私は 昨日、テニスを しませんでした。
Watashi wa kinou tenisu wo   shimasen deshita

I didn't play tennis yesterday.
我昨天没打网球。
저는 어제 테니스를 치지 않았습니다.
Hôm qua tôi không chơi ten nít.

昨夜、彼女に 電話しませんでした。
Sakuya   kanojo ni   denwa shimasen deshita

I didn't call her last night.
我昨晚没打电话给她。
어젯밤에 그녀에게 전화하지 않았어요.
Tối hôm qua tôi không gọi điện thoại
cho cô ấy.

昨夜、雨は 降りませんでした。
Sakuya   ame wa   hurimasen deshita

It didn't rain last night.
昨晚没下雨。
어젯밤에 비가 오지 않았어요.
Đêm qua trời không mưa.

昨日、田中先生は 来ませんでした。
Kinou   tanaka sensei wa   kimasen deshita

Mr. Tanaka didn't come yesterday.
昨天田中老师没有来。
어제 다나카선생님은 오지 않았어요.
Hôm qua, bác sĩ Tanaka không đến.

昨日、荷物は 届きませんでした。
Kinou   nimotsu wa   todokimasen deshita

The luggage didn't arrive yesterday.
昨天东西没有寄到。
어제 짐은 도착하지 않았어요.
Hôm qua, gói hàng không đến nơi.

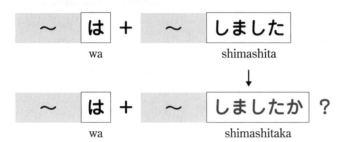

●疑問パターン● 〔Interrogative pattern、疑问句型、의문 패턴、Cấu trúc câu hỏi〕

〜 は + 〜 しました
wa　　　　　shimashita

↓

〜 は + 〜 しましたか ？
wa　　　　　shimashitaka

あなたは 昨日、テニスを しましたか？
Anata wa　kinou　tenisu wo　　shimashitaka

Did you play tennis yesterday?
你昨天打网球了吗？
당신은 어제 테니스를 쳤습니까？
Hôm qua bạn có chơi ten nít không?

昨夜、彼女に 電話しましたか？
Sakuya　kanojo ni　denwa shimashitaka

Did you call her last night?
你昨晚打电话给她了吗？
어젯밤에 그녀에게 전화했어요？
Tối hôm qua bạn có gọi cho cô ấy không?

昨夜、雨は 降りましたか？
Sakuya　ame wa　hurimashitaka

Did it rain last night?
昨晚下雨了吗？
어젯밤에 비가 왔어요？
Đêm qua trời có mưa không?

昨日、田中先生は 来ましたか？
Kinou　tanaka sensei wa　kimashitaka

Did Mr. Tanaka come yesterday?
昨天田中老师来了吗？
어제 다나카 선생님은 왔어요？
Hôm qua bác sĩ Tanaka có đến không?

昨日、荷物は 届きましたか？
Kinou　nimotsu wa　todokimashitaka

Did the luggage arrive yesterday?
昨天东西寄到了吗？
어제 짐은 도착했어요？
Hôm qua gói hàng có đến không?

12 もう〜しました

Track 22

mou 〜 shimashita

基本 フレーズ 〔Basic Phrase、基本単词、기본 구절、Mẫu câu cơ bản〕

私は この本を もう 読みました。

Watashi wa kono hon wo   mou   yomimashita

I've already read this book.　　我看完这本书了。

저는 이 책을 이미 읽었습니다.　　Tôi đã đọc quyển sách này rồi.

「もう〜しました」は、主語がある行為をすでにやり終えたことを表します。

〔English〕	"mou 〜 shimashita" is an expression to explain that the subject has already done a certain activity.
〔中文〕	"mou 〜 shimashita" 表示主语已经完成某项行为。
〔한국어〕	"mou 〜 shimashita" 주어가 어떤 행위를 이미 마친 상태를 나타냅니다.
〔tiếng Việt〕	"mou 〜 shimashita" thể hiện việc đã kết thúc, đã hoàn tất một hành động nào đó.

●基本パターン● 〔Basic Pattern、基本句型、기본 패턴、Cấu trúc cơ bản〕

〜 は ＋ もう ＋ 〜 しました
　　 wa　　 mou　　　　　　shimashita

64

基本パターンで言ってみよう!

バスは もう 出発しました。
Basu wa　mou　shuppatsu shimashita

The bus has already departed.
公交车已经出发了。
버스는 벌써 출발했어요.
Xe buýt đã xuất phát rồi.

彼女は もう 帰りました。
Kanojo wa　mou　kaerimashita

She's already gone home.
她已经回家了。
그녀는 벌써 돌아갔어요.
Cô ấy đã về rồi.

授業は もう 終わりました。
Jugyou wa　mou　owarimashita

The class has already ended.
课已经结束了。
수업은 이미 끝났어요.
Giờ học đã kết thúc rồi.

私は 薬を もう 飲みました。
Watashi wa kusuri wo mou nomimashita

I already took the medicine.
我已经吃过药了。
저는 이미 약을 먹었어요.
Tôi đã uống thuốc rồi.

私は お昼を もう 食べました。
Watashi wa ohiru wo mou　tabemashita

I already ate lunch.
我已经吃过午饭了。
저는 이미 점심을 먹었어요.
Tôi đã ăn trưa rồi.

お店を もう 予約しました。
Omise wo　mou　yoyaku shimashita

I already booked the shop.
我店已经预约好了。
가게는 벌써 예약했어요.
Tôi đã đặt chỗ ở nhà hàng rồi.

●否定パターン●
ひ てい
〔Negative pattern、否定句型、부정 패턴、Cấu trúc phủ định〕

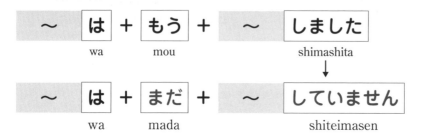

〜 **は** + **もう** + 〜 **しました**
wa　　　mou　　　　　　　shimashita

↓

〜 **は** + **まだ** + 〜 **していません**
wa　　　mada　　　　　　shiteimasen

私は この本を まだ 読んでいません。
わたし　　　ほん　　　　　　よ

Watashi wa　kono hon wo　mada　　　　　yonde imasen

I haven't read this book yet.
我还没看这本书。
저는 이 책을 아직 읽지 않았어요.
Tôi chưa đọc quyển sách này.

バスは まだ 出発していません。
しゅっぱつ

Basu wa　　mada　　　shuppatsushite imasen

The bus hasn't departed yet.
公交车还没出发。
버스는 아직 출발하지 않았어요.
Xe buýt chưa xuất phát.

彼女は まだ 帰っていません。
かの じょ　　　　かえ

Kanojo wa　　mada　　　kaette imasen

She hasn't gone home yet.
她还没回家。
그녀는 아직 돌아오지 않았어요.
Cô ấy chưa về.

授業は まだ 終わっていません。
じゅ ぎょう　　　　お

Jugyou wa　　mada　　　owatte imasen

The class hasn't ended yet.
课还没结束。
수업은 아직 끝나지 않았어요.
Giờ học chưa kết thúc.

私は お昼を まだ 食べていません。
わたし　　ひる　　　　た

Watashi wa　ohiru wo　mada　　　　tabete imasen

I haven't eaten lunch yet.
我还没吃午饭。
저는 아직 점심을 안 먹었어요.
Tôi chưa ăn trưa.

お店を まだ 予約していません。
みせ　　　　よ やく

Omise wo　　mada　　　yoyaku shite imasen

I haven't booked the shop yet.
我店还没预约。
가게는 아직 예약 안 했어요.
Tôi chưa đặt chỗ ở nhà hàng.

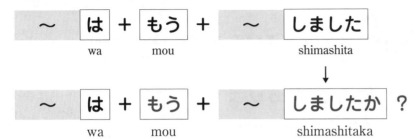

●疑問パターン● 〔Interrogative pattern、疑问句型、의문 패턴、Cấu trúc câu hỏi〕

〜	は	+	もう	+	〜	しました
	wa		mou			shimashita

↓

〜	は	+	もう	+	〜	しましたか	？
	wa		mou			shimashitaka	

あなたは この本を もう 読みましたか？
Anata wa　kono hon wo　mou　yomimashitaka

Have you already read this book?
你看这本书了吗？
(당신은) 이 책을 (이미) 읽었나요？
Bạn đã đọc quyển sách này chưa?

バスは もう 出発しましたか？
Basu wa　mou　shuppatsu shimashitaka

Has the bus already left?
公交车已经出发了吗？
버스는 벌써 출발했어요？
Xe buýt đã xuất phát chưa?

彼女は もう 帰りましたか？
Kanojo wa　mou　kaerimashitaka

Has she already gone home?
她已经回家了吗？
그녀는 벌써 돌아갔어요？
Cô ấy đã về chưa?

授業は もう 終わりましたか？
Jugyou wa　mou　owarimashitaka

Has the class already ended?
课已经结束了吗？
수업은 벌써 끝났나요？
Giờ học đã kết thúc chưa?

あなたは お昼を もう 食べましたか？
Anata wa　ohiru wo　mou　tabemashitaka

Have you already eaten lunch?
你已经吃过午饭了吗？
(당신은) 점심을 벌써 먹었나요？
Bạn đã ăn trưa chưa?

お店を もう 予約しましたか？
Omise wo　mou　yoyaku shimashitaka

Have you already booked the shop?
你店已经预约了吗？
가게는 벌써 예약했나요？
Bạn đã đặt chỗ ở nhà hàng chưa?

13 ～したことがあります

～ shitakoto ga arimasu

 フレーズ 🎵 〔Basic Phrase、基本単词、기본 구절、Mẫu câu cơ bản〕

私は 京都に 行ったことが あります。

Watashi wa kyouto ni   ittakoto ga   arimasu

I've been to Kyoto.   我去过京都。

저는 교토에 간 적이 있어요.   Tôi đã từng đến Kyoto.

「～したことがあります」は、主語がある行為を以前にやった経験があることを表します。

〔English〕	"~ shitakoto ga arimasu" is an expression to explain that the subject has already experienced a certain activity before.
〔中文〕	"~ shitakoto ga arimasu" 表示主语过去曾经有过某件事的经验。
〔한국어〕	"~ shitakoto ga arimasu" 주어가 어떤 행위를 이전에 한 경험이 있다는 것을 나타냅니다.
〔tiếng Việt〕	"~ shitakoto ga arimasu" thể hiện kinh nghiệm của chủ thể về một việc làm hoặc hành động nào đó trước đây.

●基本パターン● 〔Basic Pattern、基本句型、기본 패턴、Cấu trúc cơ bản〕

～	は	+	～	したことが ある
	wa			shitakoto ga aru

～	は	+	～	したことが あります
	wa			shitakoto ga arimasu

68

基本パターンで言ってみよう!

私は 彼に 会ったことが あります。
Watashi wa kare ni   attakoto ga   arimasu

I've met him.
我见过他。
저는 그를 만난 적이 있어요.
Tôi đã từng gặp anh ấy.

私は その映画を 見たことが あります。
Watashi wa sono eiga wo   mitakoto ga   arimasu

I've seen the movie.
我看过那部电影。
그 영화를 본 적이 있어요.
Tôi đã từng xem bộ phim đó.

私は 刺し身を 食べたことが あります。
Watashi wa sashimi wo   tabetakoto ga   arimasu

I've eaten sashimi.
我吃过生鱼片。
저는 사시미를 먹은 적이 있어요.
Tôi đã từng ăn sashimi.

私は 温泉に 入ったことが あります。
Watashi wa onsen ni   haittakoto ga   arimasu

I have been to an onsen.
我泡过温泉。
저는 온천에 들어가본 적이 있어요.
Tôi đã từng tắm suối nước nóng.

彼の 名前を 聞いたことが あります。
Kare no namae wo   kiitakoto ga   arimasu

I've heard his name.
我听过他的名字。
그의 이름을 들은 적이 있어요.
Tôi đã từng nghe thấy tên của anh ấy.

そこへ 3回 行ったことが あります。
Soko e   san kai   ittakoto ga   arimasu

I've been there three times.
我去过那里三次。
거기에 3번 간 적이 있어요.
Tôi đã từng đến đó ba lần rồi.

応用（おうよう）

●否定（ひてい）パターン●
〔Negative pattern、否定句型、부정 패턴、Cấu trúc phủ định〕

～	は	+	～	したことが あります
	wa			shitakoto ga　arimasu

↓

～	は	+	～	したことが ありません
	wa			shitakoto ga　arimasen

私（わたし）は 京都（きょうと）に 行（い）ったことが ありません。
Watashi wa kyouto ni　ittakoto ga　　　　arimasen

I have never been to Kyoto.
我没去过京都。
저는 교토에 간 적이 없어요.
Tôi chưa bao giờ đến Kyoto.

私（わたし）は 彼（かれ）に 会（あ）ったことが ありません。
Watashi wa kare ni　attakoto ga　　　　arimasen

I have never met him.
我没见过他。
저는 그를 만난 적이 없어요.
Tôi chưa bao giờ gặp anh ấy.

その映画（えいが）を 見（み）たことが ありません。
Sono eiga wo　　mitakoto ga　　　　arimasen

I've never seen that movie.
我没看过那部电影。
그 영화를 본 적이 없어요.
Tôi chưa bao giờ xem bộ phim đó.

その曲（きょく）を 聞（き）いたことが ありません。
Sono kyoku wo　　kiitakoto ga　　　　arimasen

I've never heard that song.
我没听过那首曲子。
그 곡을 들은 적이 없어요.
Tôi chưa bao giờ nghe bài hát đó.

納豆（なっとう）を 食（た）べたことが ありません。
Nattou wo　　tabetakoto ga　　　　arimasen

I have never eaten natto.
我没吃过纳豆。
낫토를 먹은 적이 없어요.
Tôi chưa bao giờ ăn natto.

温泉（おんせん）に 入（はい）ったことが ありません。
Onsen ni　　haittakoto ga　　　　arimasen

I have never been to a hot spring.
我没泡过温泉。
온천에 들어가본 적이 없어요.
Tôi chưa bao giờ tắm onsen.

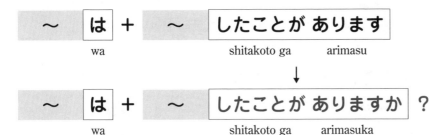

●疑問パターン● 〔Interrogative pattern、疑问句型、의문 패턴、Cấu trúc câu hỏi〕

〜	は	+	〜	したことが あります
wa				shitakoto ga arimasu

↓

〜	は	+	〜	したことが ありますか	？
wa				shitakoto ga arimasuka	

京都に 行ったことが ありますか？
Kyouto ni   ittakoto ga   arimasuka

Have you ever been to Kyoto?
你去过京都吗?
교토에 간 적이 있어요 ?
Bạn đã đến Kyoto bao giờ chưa?

彼に 会ったことが ありますか？
Kare ni   attakoto ga   arimasuka

Have you ever met him?
你见过他吗?
그를 만난 적이 있어요 ?
Bạn đã gặp anh ấy bao giờ chưa?

その映画を 見たことが ありますか？
Sono eiga wo   mitakoto ga   arimasuka

Have you seen that movie?
你看过那部电影吗?
그 영화를 본 적이 있어요 ?
Bạn đã xem bộ phim đó bao giờ chưa?

その曲を 聞いたことが ありますか？
Sono kyoku wo   kiitakoto ga   arimasuka

Have you ever heard that song?
你听过那首曲子吗?
그 곡을 들은 적이 있어요 ?
Bạn đã nghe bài hát đó bao giờ chưa?

お寿司を 食べたことが ありますか？
Osushi wo   tabetakoto ga   arimasuka

Have you ever eaten sushi?
你吃过寿司吗?
스시를 먹어본 적이 있어요 ?
Bạn đã ăn sushi bao giờ chưa?

温泉に 入ったことが ありますか？
Onsen ni   haittakoto ga   arimasuka

Have you ever been to an onsen?
你泡过温泉吗?
온천에 들어가본 적이 있어요 ?
Bạn đã tắm onsen bao giờ chưa?

14 ～（することが）できます

Track 24

～ (surukoto ga) dekimasu

私は 英語を 話すことが できます。

Watashi wa eigo wo hanasukoto ga dekimasu

I can speak English. 我会说英文。

저는 영어를 할 수 있어요. Tôi nói được tiếng Anh.

「～（することが）できます」は、ある行為が可能であること、能力があることを表します。

〔English〕	"~ (surukoto ga) dekimasu" is an expression to explain that the subject is capable of doing a certain activity.
〔中文〕	"~ (surukoto ga) dekimasu" 是表示某种行为的可能性以及有做某项事的能力。
〔한국어〕	"~ (surukoto ga) dekimasu" 어떤 행위가 가능하다거나 능력이 있다는 것을 나타냅니다.
〔tiếng Việt〕	"~ (surukoto ga) dekimasu" thể hiện năng lực, khả năng về một việc, một hành động nào đó.

●基本パターン● 〔Basic Pattern、基本句型、기본 패턴、Cấu trúc cơ bản〕

～ は + ～ できます
   wa   dekimasu

～ は + ～ することが できます
   wa   surukoto ga   dekimasu

😊 基本パターンで言ってみよう！

姉は 車を 運転できます。
Ane wa kuruma wo unten dekimasu

My sister can drive a car.
我姐姐会开车。
언니는 차를 운전할 줄 알아요.
Em gái tôi biết lái xe ô tô (xe hơi).

彼女は 泳ぐことが できます。
Kanojo wa oyogukoto ga dekimasu

She can swim.
她会游泳。
그녀는 헤엄칠 수 있어요.
Cô ấy biết bơi.

今日、 私は 残業できます。
Kyou watashi wa zangyou dekimasu

I can work overtime today.
我今天可以加班。
오늘 (저는) 잔업할 수 있어요.
Hôm nay, tôi có thể làm thêm giờ được.

彼は 日本語を 話すことが できます。
Kare wa nihongo wo hanasukoto ga dekimasu

He can speak Japanese.
他会说日语。
그는 일본말을 할 수 있어요.
Anh ấy nói được tiếng Nhật.

私は 漢字を 読むことが できます。
Watashi wa kanji wo yomukoto ga dekimasu

I can read kanji.
我会读汉字。
저는 한자를 읽을 수 있어요.
Tôi có thể đọc được chữ kanji.

彼は 平仮名を 書くことが できます。
Kare wa hiragana wo kakukoto ga dekimasu

He can write hiragana.
他会写平假名。
그는 히라가나를 쓸 줄 알아요.
Ông ấy biết viết chữ hiragana.

応用

●否定パターン● 〔Negative pattern、否定句型、부정 패턴、Cấu trúc phủ định〕

～	は	+	～	（することが）できます
	wa			(surukoto ga) dekimasu

↓

～	は	+	～	（することが）できません
	wa			(surukoto ga) dekimasen

姉は 車を 運転できません。
Ane wa kuruma wo   unten dekimasen

My sister can't drive a car.
姐姐不会开车。
저희 언니(누나)는 운전을 할 수 없어요.
Em gái tôi không biết lái xe.

今日、私は 残業できません。
Kyou   watashi wa   zangyou dekimasen

I can't work overtime today.
我今天无法加班。
오늘 (저는) 잔업할 수 없어요.
Hôm nay, tôi không làm thêm giờ được.

彼は 日本語を 話すことが できません。
Kare wa   nihongo wo   hanasukoto ga   dekimasen

He can't speak Japanese.
他不会说日语。
그는 일본말을 (하지) 못해요.
Anh ấy không nói được tiếng Nhật.

私は 漢字を 読むことが できません。
Watashi wa kanji wo   yomukoto ga   dekimasen

I can't read kanji.
我不会读汉字。
저는 한자를 읽을 수 없어요.
Tôi không biết đọc chữ kanji.

彼は 平仮名を 書くことが できません。
Kare wa   hiragana wo   kakukoto ga   dekimasen

He can't write hiragana.
他不会写平假名。
그는 히라가나를 쓸줄 몰라요.
Ông ấy không biết viết chữ hiragana.

●疑問パターン● 〔Interrogative pattern、疑问句型、의문 패턴、Cấu trúc câu hỏi〕

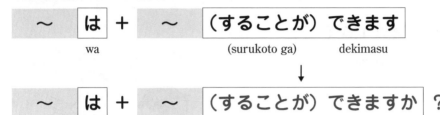

～ は + ～ （することが）できます
wa (surukoto ga) dekimasu

↓

～ は + ～ （することが）できますか ？
wa (surukoto ga) dekimasuka

彼女は 車を 運転できますか？
Kanojo wa kuruma wo   unten dekimasuka

Can she drive a car?
她会开车吗?
그녀는 (차를) 운전할 수 있어요 ?
Cô ấy có biết lái xe không?

今日、あなたは 残業できますか？
Kyou   anata wa   zangyou dekimasuka

Can you work overtime today?
你今天可以加班吗?
오늘 (당신은) 잔업할 수 있어요 ?
Hôm nay bạn có thể làm thêm giờ không?

彼は 日本語を 話すことが できますか？
Kare wa   nihongo wo   hanasukoto ga   dekimasuka

Can he speak Japanese?
他会说日语吗?
그는 일본말을 할 수 있어요 ?
Anh ấy có nói được tiếng Nhật không?

あなたは 漢字を 読むことが できますか？
Anata wa   kanji wo   yomukoto ga   dekimasuka

Can you read kanji?
你会读汉字吗?
그는 한자를 읽을 줄 알아요 ?
Bạn có đọc được chữ kanji không?

彼は 平仮名を 書くことが できますか？
Kare wa   hiragana wo   kakukoto ga   dekimasuka

Can he write hiragana?
他会写平假名吗?
그는 히라가나를 쓸 줄 알아요 ?
Ông ấy có biết viết chữ hiragana không?

15 ～してもいいです

～ shitemo iidesu

基本 フレーズ 〔Basic Phrase、基本単词、기본 구절、Mẫu câu cơ bản〕

これを 使ってもいいです。

Kore wo　　　　　tsukattemo iidesu

You may use this.	可以用这个。
이걸 사용해도 좋아요.	Bạn có thể sử dụng cái này.

「～してもいいです」「～してもよいです」は、ある行為を許可する表現です。

〔English〕	"～ shitemoiidesu" "～ shitemoyoidesu" is an expression to explain that the subject is allowed to do a certain activity.
〔中文〕	"～ shitemoiidesu" "～ shitemoyoidesu" 是表示允许做某项行为。
〔한국어〕	"～ shitemoiidesu" "～ shitemoyoidesu" 어떤 행위를 허가·승낙하는 표현입니다.
〔tiếng Việt〕	"～ shitemoiidesu" "～ shitemoyoidesu" thể hiện việc cho phép làm một việc, một hành động nào đó.

●基本パターン● 〔Basic Pattern、基本句型、기본 패턴、Cấu trúc cơ bản〕

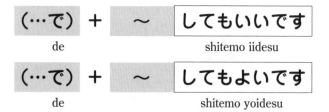

（…で） ＋ ～ してもいいです
de shitemo iidesu

（…で） ＋ ～ してもよいです
de shitemo yoidesu

基本パターンで言ってみよう!

これを 見てもいいです。
Kore wo mitemo iidesu

You may look at this.
可以看这个。
이것을 봐도 돼요.
Bạn có thể xem cái này.

ここで 食べてもいいです。
Koko de tabetemo iidesu

You may eat here.
可以吃这个。
여기서 먹어도 돼요.
Bạn có thể ăn ở đây được.

ここで 休憩してもいいです。
Koko de kyukei shitemo iidesu

You may take a break here.
可以在这里休息。
여기서 쉬어도 돼요.
Bạn có thể nghỉ ngơi ở đây.

ここで 写真を 撮ってもいいです。
Koko de shashin wo tottemo iidesu

You may take a picture here.
可以在这里拍照。
여기서 사진을 찍어도 돼요.
Bạn có thể chụp ảnh ở đây được.

ここに 車を 停めてもいいです。
Koko ni kuruma wo tometemo iidesu

You may park your car here.
可以把车停在这。
여기에 차를 세워도 돼요.
Bạn có thể đậu xe ở đây được.

今日、早く 帰ってもいいです。
Kyou hayaku kaettemo iidesu

You may leave early today.
今天可以早点回去。
오늘 빨리 귀가해도 돼요.
Hôm nay bạn có thể về sớm được.

応用

●否定パターン● 〔Negative pattern、否定句型、부정 패턴、Cấu trúc phủ định〕

（…で） + ～ | してもいいです
de / shitemo iidesu

↓

（…で） + ～ | しては いけません
de / shitewa　ikemasen

これを 使っては いけません。
Kore wo　tsukattewa　ikemasen

You must not use this.
不可以用这个。
이것을 사용하면 안 돼요.
Không được sử dụng cái này.

そこへ 行っては いけません。
Soko e　ittewa　ikemasen

You must not go there.
不可以去那里。
거기에 가면 안 돼요.
Không được đến đó.

ここに 入っては いけません。
Koko ni　haittewa　ikemasen

You must not come in here.
这里不可以进去。
여기에 들어가면 안 돼요.
Không được vào trong này.

ここで 話しては いけません。
Koko de　hanashitewa　ikemasen

You must not talk here.
这里不可以说话。
여기에서 얘기를 하면 안 돼요.
Không được nói chuyện ở đây.

ここで 食べては いけません。
Koko de　tabetewa　ikemasen

You must not eat here.
这里不可以吃东西。
여기에서 먹으면 안 돼요.
Không được ăn ở đây.

ここで お酒を 飲んでは いけません。
Koko de　osake wo　nondewa　ikemasen

You must not drink alcohol here.
这里不行喝酒。
여기에서 술을 마시면 안 돼요.
Không được uống rượu ở đây.

〔Interrogative pattern、疑问句型、의문 패턴、Cấu trúc câu hỏi〕

（…で）　＋　～　　してもいいです
de　　　　　　　　shitemo iidesu

↓

（…で）　＋　～　　してもいいですか　？
de　　　　　　　　shitemo iidesuka

カードで 払ってもいいですか？
Kado de　　　harattemo iidesuka

Can I pay by card?

可以刷卡吗？

카드로 지불해도 돼요？

Tôi trả bằng thẻ được không?

これを 試着してもいいですか？
Kore wo　　shichaku shitemo iidesuka

Can I try this on?

可以试穿吗？

이거 시착해도 돼요？

Tôi mặc thử cái này được không?

これを 使ってもいいですか？
Kore wo　　tsukattemo iidesuka

Can I use this?

可以用这个吗？

이거 사용해도 돼요？

Tôi sử dụng cái này được không?

そこへ 行ってもいいですか？
Soko e　　ittemo iidesuka

Can I go there?

可以去那边吗？

거기 가도 돼요？

Tôi đến đó được không?

ここで 写真を 撮ってもいいですか？
Koko de　shashin wo　　tottemo iidesuka

Can I take a picture here?

这里可以拍照吗？

여기서 사진 찍어도 돼요？

Tôi có thể chụp ảnh ở đây được không?

今日、早く 帰ってもいいですか？
Kyou　hayaku　　kaettemo iidesuka

Can I leave early today?

今天可以早点回家吗？

오늘 빨리 귀가해도 돼요？

Hôm nay tôi về sớm được không?

16 〜は 何_{なん}ですか？

〜 wa nan desuka

基_き本_{ほん} フレーズ　〔Basic Phrase、基本单词、기본 구절、Mẫu câu cơ bản〕

これは 何_{なん}ですか？

Kore wa　　　nan desuka

What is this?　　　这是什么？

이것은 무엇입니까？　　Cái này là cái gì?

「〜は何_{なん}ですか？」は、物_{もの}の名_な前_{まえ}をたずねたり、相_{あい}手_てに趣_{しゅ}味_みなどをたずねる表_{ひょう}現_{げん}です。

〔English〕　"~ wa nandesuka?" is an expression to ask about a certain thing (like a hobby) or what to call it.

〔中文〕　"~ wa nandesuka?" 是询问事物的名称或对方的兴趣时常用的句型。

〔한국어〕　"~ wa nandesuka?" 사물의 이름이나 상대방의 취미 등을 묻는 표현입니다.

〔tiếng Việt〕　"~ wa nandesuka?" là cách hỏi về đồ vật, hoặc sở thích của người đối diện.

●基_き本_{ほん}パターン●　〔Basic Pattern、基本句型、기본 패턴、Cấu trúc cơ bản〕

| 〜 | は | ＋ | 何_{なに} | ？ |

wa　　　　nani

| 〜 | は | ＋ | 何_{なん}ですか | ？ |

wa　　　　nan desuka

🙂 基本パターンで言ってみよう！

あなたの 趣味は 何ですか？
Anata no　shumi wa　nan desuka

What is your hobby?
你的兴趣是什么?
당신의 취미는 무엇입니까？
Sở thích của bạn là gì?

あなたの 夢は 何ですか？
Anata no　yume wa　nan desuka

What is your dream?
你的梦想是什么?
당신의 꿈은 무엇입니까？
Ước mơ của bạn là gì?

あの 建物は 何ですか？
Ano　tatemono wa　nan desuka

What is that building?
那栋建筑物是什么?
저 건물은 뭐예요？
Tòa nhà đó là toà nhà gì?

今日の ランチは 何ですか？
Kyou no　ranchi wa　nan desuka

What is for lunch today?
今天的午餐是什么?
오늘 점심은 뭐예요？
Trưa nay bạn ăn gì?

あなたの 好きな食べ物は 何ですか？
Anata no　sukina tabemono wa　nan desuka

What is your favorite food?
你爱吃什么东西?
당신이 좋아하는 음식은 뭐예요？
Bạn thích ăn món ăn gì?

＜何の＞
これは 何の 肉ですか？
Kore wa　nan no　niku desuka

What meat is this?
这是什么肉?
이것은 무슨 고기입니까？
Đây là thịt gì?

●応用パターン●
〔Advanced Patterns、应用句型、응용 패턴、Cấu trúc ứng dụng〕

| 何(なに) | を | 〜 | しますか | ？ |

Nani wo shimasuka

| 何(なに) | を | 〜 | していますか | ？ |

Nani wo shiteimasuka

| 何(なに) | を | 〜 | したいですか | ？ |

Nani wo shitaidesuka

きゅう じつ なに
休日に 何を しますか？
Kyujitsu ni nani wo shimasuka

What do you do on holidays?
你放假时都做什么?
휴일에는 뭘 하세요 ?
Bạn làm gì vào ngày nghỉ?

いま なに み
今、何を 見ていますか？
Ima nani wo miteimasuka

What are you looking at now?
你现在在看什么?
지금 , 뭘 보고 있어요 ?
Bạn đang nhìn gì đấy?

ひる なに た
お昼に 何を 食べたいですか？
Ohiru ni nani wo tabetaidesuka

What would you like to eat for lunch?
午饭想吃什么?
점심에 뭘 먹고 싶어요 ?
Buổi trưa bạn muốn ăn gì?

みせ なに か
お店で 何を 買いたいですか？
Omise de nani wo kaitaidesuka

What would you like to buy at the store?
去店里想买什么?
가게에서 뭘 사고 싶어요 ?
Bạn muốn mua gì ở cửa hàng?

●応用パターン● 〔Advanced Patterns、応用句型、응용 패턴、Cấu trúc ứng dụng〕

〜 は ＋ 何でしたか ？
　　wa　　　 nan deshitaka

何 を 〜 しましたか ？
Nani wo　　　　 shimashitaka

何 を 〜 していましたか ？
Nani wo　　　　 shiteimashitaka

あなたの 専攻は 何でしたか？
Anata no　 senkou wa　 nan deshitaka

What was your major?
你的专业是什么?
(당신의) 전공은 뭐였어요?
Chuyên ngành của bạn là gì?

昨日、何を しましたか？
Kinou　 nani wo　 shimashitaka

What did you do yesterday?
你昨天做什么了?
어제 뭐 했어요?
Hôm qua bạn làm gì?

昨日、何を 勉強しましたか？
Kinou　 nani wo　 benkyoushimashitaka

What did you study yesterday?
你昨天学习了吗?
어제 뭘 공부했어요?
Hôm qua bạn học gì?

彼は 何を 読んでいましたか？
Kare wa　 nani wo　 yondeimashitaka

What was he reading?
他在看什么?
그는 뭘 읽고 있었어요?
Anh ấy đang đọc gì?

〜は 誰ですか？

Track 27

〜 wa dare desuka

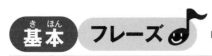 フレーズ 〔Basic Phrase、基本単词、기본 구절、Mẫu câu cơ bản〕

彼女は 誰ですか？

Kanojo wa   dare desuka

Who is she?   她是谁?

저 여자분은 누구예요 ?   Cô ấy là ai?

「〜は誰ですか？」は、ある人の名前をたずねたり、よく知らない人についてたずねる表現です。

〔English〕	"~ wa daredesuka?" is an expression to ask about a certain person or how to call him or her.
〔中文〕	"~ wa daredesuka?"是询问对方或不认识的人的名字时的常用句型。
〔한국어〕	"~ wa daredesuka?" 사람의 이름을 묻거나, 잘 모르는 사람에 대해 묻는 표현입니다.
〔tiếng Việt〕	"~ wa daredesuka?" là cách hỏi về họ tên hoặc về một người nào đó mà mình không biết.

 ●基本パターン● 〔Basic Pattern、基本句型、기본 패턴、Cấu trúc cơ bản〕

〜 | は + 誰 ？
     wa   dare

〜 | は + 誰ですか ？
     wa   dare desuka

😊 基本パターンで言ってみよう!

あの人は 誰ですか？
Ano hito wa　dare desuka

Who is that person?
那个人是谁？
저 사람은 누구예요？
Người đó là ai?

好きな 歌手は 誰ですか？
Sukina　kashu wa　dare desuka

Who is your favorite singer?
你喜欢的歌星是谁？
좋아하는 가수는 누구예요？
Ca sĩ mà bạn yêu thích là ai?

日本語の 先生は 誰ですか？
Nihongo no　sensei wa　dare desuka

Who is the Japanese language teacher?
你的日语老师是谁？
일본어 선생님은 누구예요？
Giáo viên tiếng Nhật là ai?

今日の 当番は 誰ですか？
Kyou no　touban wa　dare desuka

Who's on duty today?
今天值日生是谁？
오늘 당번은 누구예요？
Hôm nay ai trực?

ここの 責任者は 誰ですか？
Koko no　sekininsha wa　dare desuka

Who is responsible here?
这里的负责人是谁？
여기 책임자는 누구예요？
Ai là người chịu trách nhiệm ở đây?

＜誰の＞
これは 誰のかばん ですか？
Kore wa　dare no kaban　desuka

Whose bag is this?
这是谁的包？
이건 누구 가방이에요？
Đây là túi xách của ai?

応用

●応用パターン● 〔Advanced Patterns、应用句型、응용 패턴、Cấu trúc ứng dụng〕

| 誰 | が | 〜 | しますか | ？ |

Dare ga　　　　shimasuka

| 誰 | が | 〜 | していますか | ？ |

Dare ga　　　　shiteimasuka

| 誰 | に | 〜 | したいですか | ？ |

Dare ni　　　　shitaidesuka

誰が そこへ 行きますか？
Dare ga　soko e　ikimasuka

Who goes there?
谁要去那里?
누가 거기 가요 ?
Ai đến đó?

誰が 歌っていますか？
Dare ga　utatte imasuka

Who's singing?
谁在唱歌?
누가 노래하는 거예요 ?
Ai đang hát?

あなたは 誰に 会いたいですか？
Anata wa　dare ni　aitaidesuka

Who would you like to meet?
你想见谁?
당신은 누구를 만나고 싶어요 ?
Bạn muốn gặp ai?

あなたは 誰に 聞きたいですか？
Anata wa　dare ni　kikitaidesuka

Who would you like to ask ?
你想问谁?
당신은 누구한테 물어보고 싶어요 ?
Bạn muốn hỏi ai?

●応用パターン● 〔Advanced Patterns、応用句型、응용 패턴、Cấu trúc ứng dụng〕

誰 が ～ しましたか ？
Dare ga　　　　shimashitaka

誰 が ～ していましたか ？
Dare ga　　　　shiteimashitaka

誰 に ～ しましたか ？
Dare ni　　　　shimashitaka

誰が ここへ 来ましたか？
Dare ga　koko e　　kimashitaka

Who came here?
有谁来过吗？
누가 여기 왔어요?
Ai đã đến đây?

誰が 運転していましたか？
Dare ga　　　untensite imashitaka

Who was driving the car?
有谁开过吗？
누가 운전하고 있었어요?
Ai là người đã lái xe?

誰が 写真を 撮っていましたか？
Dare ga　shashin wo　　totte imashitaka

Who was taking pictures?
有谁拍照吗？
누가 사진을 찍고 있었어요?
Ai đã chụp ảnh?

昨日、誰に 会いましたか？
Kinou　　dare ni　　aimashitaka

Who did you meet yesterday?
昨天见谁了吗？
어제 누구 (를) 만났어요?
Hôm qua bạn gặp ai?

18 ～は いつですか？

～ wa itsu desuka

基本 フレーズ 〔Basic Phrase、基本単词、기본 구절、Mẫu câu cơ bản〕

誕生日は いつですか？

Tanjoubi wa　　　itsu desuka

When is your birthday?　　你生日是什么时候？

생일이 언제예요？　　Sinh nhật của bạn là ngày nào？

「～はいつですか？」は、行事などが行われる時期や日にちをたずねる表現です。

〔English〕 "~ wa itsudesuka?" is an expression to ask when a certain event is held.

〔中文〕 "~ wa itsudesuka?" 是询问活动的日期时期时常用的句型。

〔한국어〕 "~ wa itsudesuka?" 일정이나 이벤트 등이 있는 시기, 날짜를 묻는 표현입니다.

〔tiếng Việt〕 "~ wa itsudesuka?" là cách hỏi về thời gian xảy ra một việc gì đó.

●基本パターン● 〔Basic Pattern、基本句型、기본 패턴、Cấu trúc cơ bản〕

～ は ＋ いつ ？
　　wa　　itsu

～ は ＋ いつですか ？
　　wa　　itsu desuka

88

基本パターンで言ってみよう！

休みは いつですか？
Yasumi wa itsu desuka

When are you on holiday?
你什么时候休息？
쉬는 날이 언제예요？
Khi nào bạn được nghỉ?

試験は いつですか？
Shiken wa itsu desuka

When is the exam held?
你什么时候考试？
시험이 언제예요？
Khi nào bạn thi?

面接は いつですか？
Mensetsu wa itsu desuka

When is the interview held?
你什么时候面试？
면접은 언제예요？
Khi nào thì sẽ phỏng vấn?

給料日は いつですか？
Kyuryoubi wa itsu desuka

When is payday?
你什么时候发薪？
월급날은 언제예요？
Ngày nhận lương là ngày nào?

彼の 結婚式は いつですか？
Kare no kekkonshiki wa itsu desuka

When is his wedding ceremony?
他的婚礼是什么时候？
그 사람 결혼식이 언제예요？
Lễ cưới của anh ấy tổ chức vào ngày nào?

引っ越しは いつですか？
Hikkoshi wa itsu desuka

When is the day of moving?
你搬家什么时候？
이사는 언제예요？
Khi nào bạn chuyển nhà?

●応用パターン● 〔Advanced Patterns、应用句型、응용 패턴、Cấu trúc ứng dụng〕

| いつ | ～ | しますか | ？ |
| Itsu | | shimasuka | |

| いつ | ～ | したいですか | ？ |
| Itsu | | shitaidesuka | |

| いつ | ～ | しましょうか | ？ |
| Itsu | | shimashouka | |

いつ 引っ越しししますか？
Itsu　　hikkoshishimasuka

When will you move?
你什么时候搬家？
언제 이사해요 ?
Khi nào bạn chuyển nhà?

いつ 帰国しますか？
Itsu　kikokushimasuka

When will you return to your country?
你什么时候回国？
언제 귀국해요 ?
Khi nào bạn về nước?

冬休みは いつ 始まりますか？
Huyuyasumi wa　itsu　hajimarimasuka

When does winter vacation start?
你什么时候开始放寒假？
겨울방학은 언제 시작해요 ?
Kỳ nghỉ đông bắt đầu từ ngày nào?

いつ 大阪へ 行きたいですか？
Itsu　osaka e　ikitaidesuka

When do you want to go to Osaka?
你什么时候想去大阪？
언제 오사카에 가고 싶어요 ?
Khi nào bạn muốn đi Osaka?

いつ 会いましょうか？
Itsu　aimashouka

When will we meet?
什么时候见个面？
언제 만날까요 ?/ 언제 볼까요 ?
Khi nào chúng ta sẽ gặp nhau?

● **応用パターン** ● 〔Advanced Patterns、应用句型、응용 패턴、Cấu trúc ứng dụng〕

～ | は + | いつでしたか | ？
wa　　　itsu deshitaka

いつ | ～ | しましたか | ？
Itsu　　　　　shimashitaka

試験は いつでしたか？
Shiken wa　　itsu deshitaka

When was the exam held?
你什么时候考完的?
시험이 언제였어요 ?
Bạn thi khi nào?

面接は いつでしたか？
Mensetsu wa　　itsu deshitaka

When was the interview held?
你面试什么时候结束的?
면접이 언제였어요 ?
Phỏng vấn vào ngày nào?

いつ 日本へ 来ましたか？
Itsu　　nihon e　　kimashitaka

When did you come to Japan?
你什么时候来日本的?
언제 일본에 왔어요 ?
Bạn đến Nhật Bản khi nào?

いつ 彼女に 会いましたか？
Itsu　　kanojo ni　　aimashitaka

When did you meet her?
你什么时候跟她见面的?
언제 그녀를 만났어요 ?
Bạn gặp cô ấy khi nào?

京都へ いつ 行きましたか？
Kyouto e　　itsu　　ikimashitaka

When did you go to Kyoto?
什么时候去京都的?
언제 교토에 갔습니까 ?
Bạn đi Kyoto khi nào?

19 〜は どこですか？

〜 wa doko desuka

<ruby>基<rt>き</rt></ruby><ruby>本<rt>ほん</rt></ruby> フレーズ 〔Basic Phrase、基本単词、기본 구절、Mẫu câu cơ bản〕

<ruby>駅<rt>えき</rt></ruby>は どこですか？

Eki wa　　　doko desuka

Where is the station?	车站在哪?
역이 어디예요?	Nhà ga ở đâu?

「〜はどこですか？」は、<ruby>自分<rt>じ ぶん</rt></ruby>が<ruby>行<rt>い</rt></ruby>きたい<ruby>所<rt>ところ</rt></ruby>（<ruby>店<rt>みせ</rt></ruby>、<ruby>駅<rt>えき</rt></ruby>、トイレなど）の<ruby>場所<rt>ば しょ</rt></ruby>をたずねる<ruby>表現<rt>ひょうげん</rt></ruby>です。

〔English〕 "~ wa dokodesuka?" is an expression to ask where is a certain location (like a store, station or bathroom, etc.).

〔中文〕 "~ wa dokodesuka?" 是询问自己想去的地点（店、车站、厕所等）时常用的句型。

〔한국어〕 "~ wa dokodesuka?" 가고싶은 곳 (가게, 역, 화장실 등) 의 장소를 묻는 표현입니다.

〔tiếng Việt〕 "~ wa dokodesuka?" là cách hỏi về vị trí nơi, chốn mà mình muốn đến (cửa hàng, ga, nhà vệ sinh ...).

●<ruby>基本<rt>き ほん</rt></ruby>パターン● 〔Basic Pattern、基本句型、기본 패턴、Cấu trúc cơ bản〕

〜 は + どこ ？
　　 wa　 doko

〜 は + どこですか ？
　　 wa　 doko desuka

基本パターンで言ってみよう!

市役所は どこですか？
Shiyakusho wa　　doko desuka

Where is the City Hall?
市役所在哪？
시청이 어디에요？
Uỷ ban nhân dân thành phố ở đâu?

交番は どこですか？
Kouban wa　　doko desuka

Where is the police box?
派出所在哪？
파출소는 어디에요？
Bốt cảnh sát ở đâu?

トイレは どこですか？
Toire wa　　doko desuka

Where is the bathroom?
厕所在哪？
화장실은 어디에요？
Nhà vệ sinh ở đâu?

食品売り場は どこですか？
Shokuhin uriba wa　　doko desuka

Where is the food market?
食品卖场在哪？
식품 매장은 어디에요？
Quầy bán thực phẩm ở đâu?

A 教室は どこですか？
A kyoushitsu wa　　doko desuka

Where is classroom A?
A 教室在哪？
A 교실이 어디에요？
Lớp học A ở đâu?

私の 席は どこですか？
Watashi no seki wa　doko desuka

Where is my seat?
我的位子在哪？
제 자리는 어디에요？
Chỗ ngồi của tôi ở đâu?

応用

●応用パターン● 〔Advanced Patterns、应用句型、응용 패턴、Cấu trúc ứng dụng〕

～	は	+	どこ	に	いますか、	ありますか	？
	wa		doko	ni	imasuka	arimasuka	

どこ	で	～	しますか、	しましょうか、	したいですか	？
Doko	de		shimasuka	shimashouka	shitaidesuka	

どこ	へ	～	しますか、	しましょうか、	したいですか	？
Doko	e		shimasuka	shimashouka	shitaidesuka	

あなたは 今 どこに いますか？
Anata wa　ima　doko ni　imasuka

Where are you now?
你现在在哪?
당신은 지금 어디 있어요 ?
Bây giờ bạn đang ở đâu?

書類は どこに ありますか？
Shorui wa　doko ni　arimasuka

Where can I find the documents?
文件在哪?
서류는 어디 있어요 ?
Giấy tờ ở đâu?

どこで 会いましょうか？
Doko de　aimashouka

Where shall we meet?
在哪里见面好?
어디에서 만날까요 ?
Tôi sẽ gặp bạn ở đâu?

どこへ 行きたいですか？
Doko e　ikitai desuka

Where do you want to go?
想去哪?
어디에 가고 싶어요 ?
Bạn muốn đi đâu?

どこへ 荷物を 置きましょうか？
Doko e　nimotsu wo　okimashouka

Where should I put my luggage?
把行李找个地方放着吧。
어디에 짐을 둘까요 ?
Tôi có thể để hành lý ở đâu?

●応用パターン● 〔Advanced Patterns、応用句型、응용 패턴、Cấu trúc ứng dụng〕

〜 は ＋ どこ に いましたか、 ありましたか ？
　　wa　　doko　ni　imashitaka　　arimashitaka

どこ で 〜 しましたか ？
Doko　de　　shimashitaka

どこ へ 〜 しましたか ？
Doko　e　　shimashitaka

彼は どこに いましたか？
Kare wa　doko ni　imashitaka

Where was he?
他上哪去了?
그는 어디에 있었어요 ?
Anh ấy đã ở đâu?

辞書は どこに ありましたか？
Jisho wa　doko ni　arimashitaka

Where was the dictionary?
字典在哪找着的?
사전은 어디에 있었어요 ?
Từ điển ở đâu?

どこで 彼女を 見ましたか？
Doko de　kanojo wo　mimashitaka

Where did you see her?
在哪看到她的?
어디에서 그녀를 봤어요 ?
Bạn đã nhìn thấy cô ấy ở đâu?

昨日 どこへ 行きましたか？
Kinou　doko e　ikimashitaka

Where did you go yesterday?
昨天上哪去了吗?
어제 어디 (에) 갔어요 ?
Hôm qua bạn đi đâu?

車を どこへ 停めましたか？
Kuruma wo　doko e　tomemashitaka

Where did you park your car?
车子停好了吗?
차를 어디에 세웠어요 ?
Bạn đã đậu xe ở đâu?

20

どうして〜？　なぜ〜？

Track 30

Doushite 〜 ?　　　Naze 〜 ?

〔Basic Phrase、基本単词、기본 구절、Mẫu câu cơ bản〕

どうして そう思うの？
Doushite　　　　sou omouno

Why do you think so?　你为什么这么想?

왜 그렇게 생각해 ?　　Tại sao bạn nghĩ như vậy?

「どうして〜？」「なぜ〜？」は、理由・原因などをたずねる表現です。

〔English〕	"Doushite ~?" "Naze ~?" are expressions to ask the reason or cause of a certain action.
〔中文〕	"Doushite ~?" "Naze ~?" 是询问理由、原因时常用的句型。
〔한국어〕	"Doushite ~?" "Naze ~?" 이유나 원인 등을 묻는 표현입니다.
〔tiếng Việt〕	"Doushite ~?" "Naze ~?" là cách hỏi về nguyên nhân, lý do.

● 基本パターン ●　〔Basic Pattern、基本句型、기본 패턴、Cấu trúc cơ bản〕

どうして	〜	するの（ですか）	？
Doushite		suruno (desuka)	

なぜ	〜	するの（ですか）	？
Naze		suruno (desuka)	

基本パターンで言ってみよう!

どうして そこへ 行くの？
Doushite　soko e　ikuno

Why are you going there?
你为什么要去那里?
왜 거기에 가는 거야 ?
Tại sao bạn lại đến đó?

どうして それを 知りたいの？
Doushite　sore wo　shiritaino

Why do you want to know that?
你为什么想知道那个?
왜 그걸 알고 싶어 ?
Tại sao bạn lại muốn biết điều đó?

どうして 給料が 少ないの？
Doushite　kyuryou ga　sukunaino

Why is my salary so low?
为什么工资这么少?
왜 월급이 적어 ?
Tại sao lương lại ít thế?

なぜ 彼は 今日 休みなの？
Naze　kare wa　kyou　yashumi nano

Why is he off today?
他为什么今天休息?
왜 그사람 오늘 안 나왔어 ?
Tại sao hôm nay anh ấy lại nghỉ?

なぜ A 社で 働きたいの？
Naze　A sha de　hatarakitaino

Why do you want to work for company A?
为什么想在 A 公司工作?
왜 A 사에서 일하고 싶은데 ?
Vì sao bạn muốn làm việc ở Công ty A?

なぜ 仕事を 辞めたいの？
Naze　shigoto wo　yametaino

Why do you want to quit your job?
为什么想辞职?
왜 일을 그만두고 싶은데 ?
Tại sao bạn muốn nghỉ việc?

●応用パターン● 〔Advanced Patterns、应用句型、응용 패턴、Cấu trúc ứng dụng〕
おうよう

| どうして | ～ | しないの（ですか） | ？ |
Doushite　　　　　　　　　shinaino (desuka)

| なぜ | ～ | しないの（ですか） | ？ |
Naze　　　　　　　　　　shinaino (desuka)

どうして 会社に 行かないの？
Doushite　　kaisha ni　　　ikanaino

Why aren't you going to work?
为什么不去上班?
어째서 회사에 안 가?
Tại sao bạn không đi làm?

どうして 彼女は 来ないの？
Doushite　　kanojo wa　　　konaino

Why hasn't she come?
为什么她不来?
그녀는 왜 안 와?
Tại sao cô ấy không đến?

どうして 電車が まだ 来ないの？
Doushite　　densha ga　　mada　　konaino

Why hasn't the train come yet?
为什么电车还不来?
전철이 왜 아직 안 오지?
Tại sao tàu điện chưa đến?

なぜ 彼女に 会わないの？
Naze　　kanojo ni　　　awanaino

Why aren't you meeting her?
为什么不跟她见面?
왜 그녀를 만나지 않아?
Vì sao bạn không gặp cô ấy?

なぜ 学校へ 行かないの？
Naze　　gakkou e　　　ikanaino

Why aren't you going to school?
为什么不去上学?
왜 학교에 안 가?
Tại sao bạn không đến trường?

● 応用パターン ● 〔Advanced Patterns、応用句型、응용 패턴、Cấu trúc ứng dụng〕

| どうして | 〜 | したの（ですか） | ？ |
Doushite shitano (desuka)

| なぜ | 〜 | したの（ですか） | ？ |
Naze shitano (desuka)

| どうして | 〜 | しなかったの（ですか） | ？ |
Doushite shinakattano (desuka)

| なぜ | 〜 | しなかったの（ですか） | ？ |
Naze shinakattano (desuka)

どうして それを 買ったのですか？
Doushite　sore wo　kattano desuka

Why did you buy it?
你为什么买那个？
왜 그걸 샀나요？
Vì sao bạn mua cái đó?

どうして 日本へ 来たのですか？
Doushite　nihon e　kitano desuka

Why did you come to Japan?
你为什么来日本？
왜 일본에 왔어요？
Vì sao bạn lại đến Nhật Bản?

どうして 試験を 受けなかったの？
Doushite　shiken wo　ukenakattano

Why didn't you take the exam?
为什么没去考试？
왜 시험을 보지 않았어？
Tại sao bạn không thi?

なぜ 学校へ 行かなかったの？
Naze　gakkou e　ikanakattano

Why didn't you go to school?
为什么没去上学？
왜 학교에 안 갔어？
Tại sao bạn không đến trường?

21 ～は どうですか？

Track 31

～ wa dou desuka

〔Basic Phrase、基本単词、기본 구절、Mẫu câu cơ bản〕

仕事（しごと）は どうですか？

Shigoto wa　　dou desuka

How is your job?　工作怎么样?

일은 어때요?　　Công việc của bạn thế nào?

「～はどうですか？」「～はいかがですか？」は、様子（ようす）や具合（ぐあい）をたずねたり、相手（あいて）の意向（いこう）を聞（き）くときの表現（ひょうげん）です。

〔English〕	"~ wa doudesuka?" "~ wa ikagadesuka?" are expressions to ask a condition, feelings or preference.
〔中文〕	"~ wa doudesuka?" "~ wa ikagadesuka?" 是询问状态、情形、对方的想法时的句型。
〔한국어〕	"~ wa doudesuka?" "~ wa ikagadesuka?" 모습, 상태를 묻거나 상대의 의향을 물을 때의 표현입니다.
〔tiếng Việt〕	"~ wa doudesuka?" "~ wa ikagadesuka?" là cách hỏi về tình trạng hoặc về suy nghĩ cũng như nguyện vọng của người khác.

●基本（きほん）パターン● 〔Basic Pattern、基本句型、기본 패턴、Cấu trúc cơ bản〕

～ | は + どう ?
　　wa　　dou

～ | は + どうですか ?
　　wa　　dou desuka

～ | は + いかがですか ?
　　wa　　ikaga desuka

100

基本パターンで言ってみよう！

学校は どう？
Gakkou wa　dou

How is your school life?
学校怎么样？
학교는 어때？
Trường lớp thế nào?

勉強は どう？
Benkyou wa　dou

How is your study?
学习怎么样？
공부는 어때？
Học hành thế nào?

味は どうですか？
Aji wa　　dou desuka

How does it taste?
味道怎么样？
맛은 어때요？
Mùi vị thế nào?

体の 具合は どうですか？
Karada no　guai wa　　dou desuka

How are you feeling?
身体怎么样？
몸 상태는 어때요？
Tình hình sức khoẻ của bạn thế nào?

日本の 生活は どうですか？
Nihon no　seikatsu wa　　dou desuka

How is your life in Japan?
日本的生活怎么样？
일본 생활은 어때요？
Cuộc sống ở Nhật Bản thế nào?

日本語の 勉強は どう？
Nihongo no　benkyou wa　dou

How is your study of Japanese?
日语学习怎么样？
일본어 공부는 어때？
Tình hình học tiếng Nhật thế nào?

● 応用パターン ● 〔Advanced Patterns、应用句型、응용 패턴、Cấu trúc ứng dụng〕

＜意向を聞く＞

～ | は | ＋ | どうですか | ？
　　wa　　　　dou desuka

～ | は | ＋ | いかがですか | ？
　　wa　　　　ikaga desuka

来週は どうですか？
Raishu wa　　　dou desuka

How about next week?
下周怎么样？
다음주는 어때요？
Tuần sau thì thế nào?

あなたは どうですか？
Anata wa　　　dou desuka

How do you think about it?
你怎么样？
당신은 어때요？
Bạn thì thế nào?

日本料理は どうですか？
Nihon ryouri wa　　　dou desuka

How about Japanese cuisine?
日本料理怎么样？
일본요리는 어때요？
Món ăn Nhật Bản thế nào?

今夜 お寿司は どうですか？
Konya　　osushi wa　　　dou desuka

How about sushi tonight?
今晚吃寿司怎么样？
오늘밤에, 초밥 어때요？
Tối nay ăn sushi nhé?

湯かげんは いかがですか？
Yukagen wa　　　ikaga desuka

How do you feel about hot water?
水温怎么样？
물 온도는 어때요？
Nước có nóng quá không？

応用パターン 〔Advanced Patterns、应用句型、응용 패턴、Cấu trúc ứng dụng〕

＜丁寧＞

お食事は どうされますか？
Oshokuji wa　　　dousaremasuka

Would you like to have Japanese cuisine?
您要点餐吗？
식사는 어떻게 하시겠어요？
Ông dùng gì ạ?

お飲み物は どうされますか？
Onomimono wa　　　dousaremasuka

Would you like to have drinks?
您喝点什么呢？
음료는 어떻게 하시겠어요？
Đồ uống thì thế nào ạ?

お酒は いかがですか？
Osake wa　　ikaga desuka

How about alcohol?
您点酒吗？
술은 어떠세요？
Ông có dùng rượu không ạ?

お味は いかがですか？
Oaji wa　　ikaga desuka

How does it taste?
味道如何呢？
맛은 어떠세요？
Có ngon không ạ?

おつまみは いかがですか？
Otsumami wa　　ikaga desuka

How about a snack?
要点小菜吗？
안주는 어떠세요？
Ông có dùng món nhắm không ạ?

103

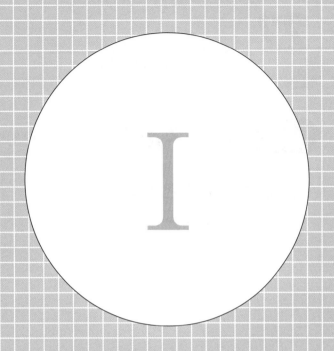

使える!
頻出パターン 51

51

Part

II

I

22 ～おめでとう
～ omedetou

基本 フレーズ 〔Basic Phrase、基本単词、기본 구절、Mẫu câu cơ bản〕

ご結婚 おめでとう。

Gokekkon　　　omedetou

Congratulations on your wedding.　　恭喜结婚。

결혼 축하해.　　　　　　　　　　Chúc mừng hạnh phúc.

「～おめでとう（ございます）」は、誕生日や結婚などをお祝いするときの表現です。

〔English〕	"~ omedetou (gozaimasu)" is an expression that celebrates a birthday or wedding, etc.
〔中文〕	"~ omedetou (gozaimasu)" 生日、结婚等祝福时常用的句型。
〔한국어〕	"~ omedetou (gozaimasu)" 생일이나 결혼 등을 축하하는 표현입니다.
〔tiếng Việt〕	"~ omedetou (gozaimasu)" là cách nói khi gửi lời chúc mừng trong các dịp đặc biệt như nhân dịp sinh nhật hoặc lễ cưới.

●基本パターン● 〔Basic Pattern、基本句型、기본 패턴、Cấu trúc cơ bản〕

　　　　＋ おめでとう
　　　　　　omedetou

　　　　＋ おめでとうございます
　　　　　　omedetou gozaimasu

基本パターンで言ってみよう！

お誕生日 おめでとう。
Otanjoubi　　　　omedetoi

> Happy birthday.
> 生日快乐。
> 생일 축하해.
> Chúc mừng sinh nhật.

ご出産 おめでとう。
Goshussan　　　omedetou

> Congratulations on your new baby.
> 恭喜你喜得贵子。
> 출산 축하해.
> Chúc mừng mẹ tròn con vuông.

合格 おめでとう。
Goukaku　　　omedetou

> Congratulations on passing the exam.
> 恭喜考试合格。
> 합격 축하해.
> Chúc mừng bạn đã thi đỗ.

ご入学 おめでとう。
Gonyugaku　　　omedetou

> Congratulations on entering school.
> 恭喜入学。
> 입학 축하해요.
> Chúc mừng bạn đã được nhập học.

ご卒業 おめでとう。
Gosotsugyou　　　omedetou

> Congratulations on graduation.
> 恭喜毕业。
> 졸업 축하해.
> Chúc mừng bạn đã tốt nghiệp.

新年 おめでとうございます。
Shinnen　　　omedetou gozaimasu

> Happy New Year.
> 新年快乐。
> 신년을 축하합니다.
> Chúc Mừng Năm Mới.

II 使える！ 頻出パターン51

23 ～ありがとう

～ arigatou

Track 33

基本 フレーズ 🎵 〔Basic Phrase、基本単词、기본 구절、Mẫu câu cơ bản〕

プレゼントを ありがとう。

Purezento wo arigatou

Thank you for your present.　　謝謝你的礼物。
선물 고마워.　　　　　　　　　Cảm ơn vì đã tặng quà cho tôi.

「～ありがとう（ございます）」は、お礼や感謝の気持ちを伝えるときの表現です。

〔English〕	"~ arigatou (gozaimasu)" is an expression that tells thanks or appreciation.
〔中文〕	"~ arigatou (gozaimasu)" 表示谢意时常用的句型。
〔한국어〕	"~ arigatou (gozaimasu)" 감사의 마음을 전달할 때 쓰는 표현입니다.
〔tiếng Việt〕	"~ arigatou (gozaimasu)" là cách nói bày tỏ sự cảm tạ và lòng biết ơn của mình đối với người khác.

●**基本パターン**● 〔Basic Pattern、基本句型、기본 패턴、Cấu trúc cơ bản〕

　　　　　を＋ ありがとう
　　　　 wo　　　 arigatou

　　　　　を＋ ありがとうございます
　　　　 wo　　　 arigatou gozaimasu

基本パターンで言ってみよう！

メールを ありがとう。
Meru wo　　　　　arigatou

Thank you for your email.
谢谢你的邮件。
메일 고마워.
Cảm ơn vì đã gửi email cho tôi.

写真を ありがとう。
Shashin wo　　　arigatou

Thank you for the photograph.
谢谢你的照片。
사진 고마워.
Cảm ơn về bức ảnh.

連絡を ありがとう。
Renraku wo　　　arigatou

Thank you for contacting me.
谢谢你的联系。
연락 고마워.
Cảm ơn vì đã liên lạc với tôi.

ご協力 ありがとうございます。
Gokyouryoku　　　arigatou gozaimasu

Thank you very much for your cooperation.
谢谢你的帮忙。
협력해 주셔서 감사합니다.
Cảm ơn sự hợp tác của ông.

ご意見 ありがとうございます。
Goiken　　　　arigatou gozaimasu

Thank you very much for your comments.
谢谢你的意见。
의견 감사합니다.
Cảm ơn vì đã cho biết ý kiến của ông.

先日は ありがとうございました。
Senjitsu wa　　　arigatou gozaimashita

I thank you for your kindness the other day.
前几天谢谢了。
지난번에는 고마웠어요.
Cảm ơn rất nhiều về ngày hôm trước.

24 ～してくれて ありがとう

Track 34

～ shitekurete arigatou

基本 フレーズ 〔Basic Phrase、基本単词、기본 구절、Mẫu câu cơ bản〕

でん わ
電話してくれて ありがとう。

Denwa　　shitekurete　　　　arigatou

Thank you for calling.　　谢谢你打电话给我。

전화해 줘서 고마워요.　　Cảm ơn vì đã gọi điện thoại cho tôi.

「～してくれてありがとう（ございます）」は、相手が何かをしてくれたことに感謝する表現です。

〔English〕	"~ shitekurete arigatou (gozaimasu)" is an expression that appreciates something.
〔中文〕	"~ shitekurete arigatou (gozaimasu)" 感谢对方帮助自己时常用的句型。
〔한국어〕	"~ shitekurete arigatou (gozaimasu)" 상대방이 자신에게 뭔가를 해주었을 때 감사를 나타내는 표현입니다.
〔tiếng Việt〕	"~ shitekurete arigatou (gozaimasu)" là cách nói bày tỏ sự cảm tạ của mình sau khi được người khác giúp cho một việc gì đó.

●基本パターン● 〔Basic Pattern、基本句型、기본 패턴、Cấu trúc cơ bản〕

～	してくれて	+	ありがとう
	shitekurete		arigatou

～	してくれて	+	ありがとうございます
	shitekurete		arigatou gozaimasu

110

基本パターンで言ってみよう!

来てくれて ありがとう。
Kitekurete　　　　　arigatou

Thank you for coming.
谢谢你来。
와줘서 고마워요.
Cảm ơn vì bạn đã đến.

教えてくれて ありがとう。
Oshietekurete　　　　arigatou

Thank you for letting me know.
谢谢你告诉我。
가르쳐줘서 고마워요.
Cảm ơn bạn đã chỉ bảo cho tôi.

助けてくれて ありがとう。
Tasuketekurete　　　　arigatou

Thank you for helping me.
谢谢你帮我。
도와줘서 고마워요. (구조)
Cảm ơn sự giúp đỡ của bạn.

手伝ってくれて ありがとう。
Tetsudattekurete　　　　arigatou

Thank you for your help.
谢谢你帮我。
도와줘서 고마워요. (보조)
Cảm ơn sự trợ giúp của bạn.

荷物を 持ってくれて
ありがとう。
Nimotsu wo mottekurete arigatou

Thank you for carrying my baggage.
谢谢你帮我拿东西。
짐 들어줘서 고마워요.
Cảm ơn vì đã mang giúp hành lý giúp tôi.

家まで 送ってくれて
ありがとうございます。
Ie made okuttekurete arigatou gozaimasu

Thank you for driving me home.
谢谢你送我回家。
집까지 바래다줘서 고마워요.
Cảm ơn vì đã đưa tôi về nhà.

25 ～（して）ごめんなさい

Track 35

～ (shite) gomennasai

基本（きほん）フレーズ 〔Basic Phrase、基本単词、기본 구절、Mẫu câu cơ bản〕

遅（おく）れて ごめんなさい。

Okurete gomennasai

Sorry for being late.　　対不起，我迟到了。

늦어서 미안해요.　　Xin lỗi vì đã đến muộn.

「～（して）ごめんなさい」は、自分（じぶん）がしたことについて、相手（あいて）に謝（あやま）るときの表現（ひょうげん）です。

〔English〕	"～ (shite) gomennasai" is an expression that apologizes for something.
〔中文〕	"～ (shite) gomennasai" 给对方造成困扰跟对方道歉时常用的句型。
〔한국어〕	"～ (shite) gomennasai" 자신이 한 일에 대해, 상대방에게 사과할 때의 표현입니다.
〔tiếng Việt〕	"～ (shite) gomennasai" là cách nói khi muốn xin lỗi người khác về việc làm trước đó của mình.

●基本（きほん）パターン● 〔Basic Pattern、基本句型、기본 패턴、Cấu trúc cơ bản〕

～	して	＋	ごめんなさい
	shite		gomennasai

～	しなくて	＋	ごめんなさい
	shinakute		gomennasai

～	できなくて	＋	ごめんなさい
	dekinakute		gomennasai

基本パターンで言ってみよう！

お待たせして ごめんなさい。
Omataseshite　　　　　gomennasai

I'm sorry to have kept you waiting.
对不起，让你久等了。
기다리게 해서 미안해요.
Xin lỗi vì đã để bạn phải chờ đợi.

心配させて ごめんなさい。
Shinpaisasete　　　　gomennasai

I'm sorry to have troubled you.
对不起，让你担心了。
걱정 끼쳐서 미안해요.
Xin lỗi vì đã để bạn phải lo lắng.

迷惑を かけて ごめんなさい。
Meiwaku wo　kakete　　　　gomennasai

I'm sorry for causing you trouble.
对不起，给你添麻烦了。
민폐 끼쳐 죄송해요.
Xin lỗi vì đã làm phiền bạn.

<否定>
行けなくて ごめんなさい。
Ikenakute　　　　gomennasai

I'm sorry I cannot go.
对不起，我没法去。
못가서 미안해요.
Xin lỗi về việc tôi không đi được.

昨日、電話しなくて
ごめんなさい。
Kinou denwashinakute gomennasai

I'm sorry I didn't call you yesterday.
昨天没打电话对不起。
어제 전화 안 해서 미안해요.
Xin lỗi vì hôm qua tôi đã không gọi điện thoại
cho bạn.

お手伝いできなくて
ごめんなさい。
Otetsudai dekinakute gomennasai

I'm sorry I cannot help you.
没法帮你对不起。
도와드리지 못해서 미안해요.
Xin lỗi vì tôi không phụ giúp bạn được.

26 ～しませんか？

～ shimasenka

Track 36

〔Basic Phrase、基本单词、기본 구절、Mẫu câu cơ bản〕

一緒に 旅行しませんか？

Isshoni　　　　ryokoushimasenka

Would you like to travel with us?　要不要一起去旅行？

같이 여행가지 않을래요？　　　　Chị đi du lịch với tôi nhé!

「～しませんか？」は、相手にある行動を提示して、一緒にそれをするように誘う表現です。

〔English〕	"～ shimasenka?" is an expression that suggests doing something together.
〔中文〕	"～ shimasenka?" 邀请对方一起做某件事，询问对方意愿时常用的句型。
〔한국어〕	"～ shimasenka?" 상대방에게 어떤 행동을 제시하고 함께 할 것을 넌지시 제안하는 표현입니다.
〔tiếng Việt〕	"～ shimasenka?" là cách nói khi muốn rủ, mời người khác làm một việc gì đó (nhã nhặn và lịch sự).

●基本パターン● 〔Basic Pattern、基本句型、기본 패턴、Cấu trúc cơ bản〕

　～　　しませんか　？
　　　　shimasenka

基本パターンで言ってみよう！

一緒に 行きませんか？
Isshoni　　ikimasenka

Would you like to come with us?
要不要一起去？
같이 가지 않을래요？
Ông đi cùng với tôi nhé!

一緒に 食べませんか？
Isshoni　　tabemasenka

Would you like to eat together?
要不要一起吃？
같이 먹지 않을래요？
Ông ăn cùng với tôi nhé!

明日 遊びに 行きませんか？
Ashita　　asobini　　ikimasenka

Why don't we go out tomorrow?
明天要不要一起去玩？
내일 놀러가지 않을래요？
Ngày mai đi chơi với tôi nhé!

駅で 待ち合わせしませんか？
Eki de　　machiawaseshimasenka

Why don't we meet at the station?
要不要约在车站？
역에서 같이 만나지 않을래요？
Chúng ta hẹn gặp nhau ở ga nhé!

みんなで 集まりませんか？
Minna de　　atsumarimasenka

Why don't we get together?
大家要不要聚一聚？
다 같이 모이지 않을래요？
Chúng ta tụ tập nhau đi!

みんなで 旅行に 行きませんか？
Minna de　　ryokou ni　　ikimasenka

Why don't we go on a trip together?
大家要不要一起去旅行？
다 같이 여행가지 않을래요？
Chúng ta đi du lịch với nhau đi!

27

〜しましょうか？

Track 37

〜 shimashouka

基本 フレーズ ♪ 〔Basic Phrase、基本单词、기본 구절、Mẫu câu cơ bản〕

お手伝いしましょうか？

Otetsudai shimashouka

| May I help you? | 我帮你一下吧? |
| 도와 드릴까요? | Để tôi giúp một tay nhé! |

「〜しましょうか？」は、相手と一緒に、あるいは、相手のために何かをしてあげるときの表現です。

〔English〕 "~ shimashouka?" is an expression that suggests doing something for a person or together.

〔中文〕 "~ shimashouka?" 跟对方一起或想帮对方做某件事时常用的句型。

〔한국어〕 "~ shimashouka?" 상대방과 함께, 혹은 상대방을 위해 뭔가를 해줄 때의 표현입니다.

〔tiếng Việt〕 "~ shimashouka?" là cách nói khi muốn đề nghị cùng làm hoặc giúp người khác một việc gì đó (thân thiện).

●基本パターン● 〔Basic Pattern、基本句型、기본 패턴、Cấu trúc cơ bản〕

〜 しましょうか ？
shimashouka

基本パターンで言ってみよう！

一緒に 行きましょうか？
Isshoni　　　　ikimashouka

Shall we go together?
一起去吧？
같이 갈까요？
Chúng ta cùng đi nhé!

一緒に 食べましょうか？
Isshoni　　　　tabemashouka

Shall we eat together?
一起吃吧？
같이 먹을까요？
Chúng ta cùng ăn nhé!

お取りしましょうか？
Otori　　　　shimashouka

Shall I serve that it?
我拿给你吧？
드릴까요？
Để tôi lấy giúp bạn nhé!

休憩しましょうか？
Kyukei　　　　shimashouka

Shall we take a break?
休息一下吧？
좀 쉴까요？
Chúng ta cùng nghỉ giải lao nhé!

映画を 観に 行きましょうか？
Eiga wo　　mini　　　　ikimashouka

Shall we go see a movie?
去看电影吧？
영화 보러 갈까요？
Chúng ta cùng đi xem phim nhé!

駅で 待ち合わせしましょうか？
Eki de　　machiawase　　　shimashouka

Shall we meet at the station?
约在车站碰面吧？
역에서 일단 만날까요？
Chúng ta hẹn gặp nhau ở ga nhé!

28 　〜と思います

〜 to omoimasu

基本 フレーズ 〔Basic Phrase、基本单词、기본 구절、Mẫu câu cơ bản〕

それは 安い と思います。

Sore wa　　yasui　　to omoimasu

I think it's cheap.　　　我觉得很便宜。

그건 싸다고 생각해요.　　Tôi nghĩ giá đó là rẻ.

「〜と思います」は、自分の予想、感想などを言うときの表現です。

〔English〕	"~ to omoimasu" is an expression that shows your expectation or thoughts.
〔中文〕	"~ to omoimasu" 是表达自己的想法或猜测时常用的句型。
〔한국어〕	"~ to omoimasu" 자신의 예상, 소감 등을 말할 때의 표현입니다.
〔tiếng Việt〕	"~ to omoimasu" là cách nói thể hiện suy nghĩ và cảm tưởng của mình.

●基本パターン● 〔Basic Pattern、基本句型、기본 패턴、Cấu trúc cơ bản〕

　〜　と ＋ 思います

　　to　　　omoimasu

基本パターンで言ってみよう！

それは 高い と思います。
Sore wa　takai　to omoimasu

I think it's expensive.
我觉得很贵。
그건 비싼 것 같아요.
Tôi nghĩ giá đó là đắt.

それは いい考えだ と思います。
Sore wa　ii kangae da　to omoimasu

I think that's a good idea.
我觉得那个想法很好。
그건 좋은 생각인 것 같아요.
Tôi nghĩ đó là một ý tưởng hay.

彼女は 来る と思います。
Kanojo wa　kuru　to omoimasu

I think she'll come.
我觉得她会来。
그녀는 올 거라고 생각해요.
Tôi nghĩ là cô ấy sẽ đến.

彼は 来ない と思います。
Kare wa　konai　to omoimasu

I don't think he'll come.
我觉得他不会来。
그는 오지 않을 것 같아요.
Tôi nghĩ là anh ấy sẽ không đến.

今日は 晴れる と思います。
Kyou wa　hareru　to omoimasu

I think it'll be sunny today.
我觉得今天会放晴。
오늘은 맑을 것 같아요.
Tôi nghĩ hôm nay trời sẽ nắng.

明日、雨が 降る と思います。
Ashita　ame ga　huru　to omoimasu

I think it'll rain tomorrow.
我觉得明天会下雨。
내일은 비가 올 것 같아요.
Tôi nghĩ ngày mai trời sẽ mưa.

29 〜といいですね

Track 39

to iidesune

基本 (き ほん) フレーズ 🎵 〔Basic Phrase、基本单词、기본 구절、Mẫu câu cơ bản〕

旅行 (りょ こう) に 行 (い) けると いいですね。

Ryokou ni　　ikeru to　　　　iidesune

I hope you can go on a trip.　　希望可以去旅行。

여행 갈 수 있으면 좋겠어요.　　Đi du lịch được thì vui nhỉ!

「〜といいですね」は、自分 (じ ぶん) が望 (のぞ) むこと、期待 (き たい) することなどを言 (い) うときの表現 (ひょうげん) です。

〔English〕	"~ to iidesune" is an expression that tells your hopes or expectations.
〔中文〕	"~ to iidesune" 是表示自己的期待或希望时常用的句型。
〔한국어〕	"~ to iidesune" 자신이 바라는 것, 기대한 것 등을 말할 때의 표현입니다.
〔tiếng Việt〕	"~ to iidesune" là cách nói thể hiện ước muốn, kỳ vọng của mình.

● 基本 (き ほん) パターン ● 〔Basic Pattern、基本句型、기본 패턴、Cấu trúc cơ bản〕

〜 ＋ と ＋ いいですね
　　　to　　　iidesune

120

基本パターンで言ってみよう！

成功すると いいですね。
Seikousuru to iidesune

I hope you succeed.
希望可以成功。
성공하길 바래요.
Thật là tuyệt vời nếu việc này thành công.

また 会えると いいですね。
Mata aeru to iidesune

I hope we can meet again.
希望可以再見面。
또 만날 수 있으면 좋겠어요.
Mong rằng sẽ được gặp lại bạn.

また 集まれると いいですね。
Mata atsumareru to iidesune

I hope we can get together again.
希望可以赶快再相聚。
또 모일 수 있으면 좋겠어요.
Lại tụ tập nhau được thì vui nhỉ!

早く 良くなると いいですね。
Hayaku yokunaru to iidesune

I hope you'll get better soon.
希望情況可以快點變好。
빨리 좋아지길 바래요.
Cầu mong mọi việc sẽ sớm tốt lên.

明日、晴れると いいですね。
Ashita hareru to iidesune

I hope it'll be sunny tomorrow.
希望明天可以放晴。
내일은 맑기를 바래요.
Hy vọng ngày mai trời sẽ nắng.

試験に 合格すると いいですね。
Shiken ni goukakusuru to iidesune

I hope you'll pass the exam.
希望可以順利考上。
시험에 합격하길 바래요.
Cầu chúc bạn sẽ thi đậu.

30 前は ～しました〔していました〕

Maewa ～ shimashita〔shiteimashita〕

基本 フレーズ 〔Basic Phrase、基本单词、기본 구절、Mẫu câu cơ bản〕

前は テニスを していました。

Maewa　　　tenisu wo　　　　shiteimashita

I used to play tennis.	之前打網球。
전에는 테니스를 쳤었어요.	Trước đây tôi đã từng chơi ten nít.

「前は～しました〔していました〕」は、過去にしていたことなどについての表現です。

〔English〕	"Maewa ~ shimashita〔shiteimashita〕" is an expression that you used to do something in the past.
〔中文〕	"Maewa ~ shimashita〔shiteimashita〕" 是说明过去做过的事的句型。
〔한국어〕	"Maewa ~ shimashita〔shiteimashita〕" 과거에 했던 것 등을 말하는 표현입니다.
〔tiếng Việt〕	"Maewa ~ shimashita〔shiteimashita〕" là cách nói về một việc, sự việc đã xảy ra trong quá khứ (trước thời điểm nói).

●基本パターン● 〔Basic Pattern、基本句型、기본 패턴、Cấu trúc cơ bản〕

前は	～	しました
Maewa		shimashita

前は	～	していました
Maewa		shiteimashita

😊 基本パターンで言ってみよう!

前は あの店に よく 行きました。
Maewa　ano mise ni　yoku　ikimashita

I used to go to that store.
之前常常去那间店。
전에는 그 가게에 자주 갔어요.
Trước đây tôi đã từng thường xuyên đến cửa hàng đó.

前は 横浜に 住んでいました。
Maewa yokohama ni　sundeimashita

I used to live in Yokohama.
之前住在横滨。
전에는 요코하마에 살았었어요.
Trước đây tôi đã từng sống ở Yokohama.

前は タバコを 吸っていました。
Maewa　tabako wo　sutteimashita

I used to smoke.
之前抽烟。
전에는 담배를 피웠었어요.
Trước đây tôi đã từng hút thuốc lá.

前は ネコを 飼っていました。
Maewa　neko wo　katteimashita

I used to have a cat.
之前养猫。
전에는 고양이를 키웠었어요.
Trước đây tôi đã từng nuôi mèo.

前は 学校に 行っていました。
Maewa　gakkou ni　itteimashita

I used to go to school.
之前去上学的。
전에는 학교에 다녔었어요.
Trước đây tôi đã từng đi học.

前は 工場で 働いていました。
Maewa　koujou de　hataraiteimashita

I used to work in a factory.
之前在工厂工作。
전에는 공장에서 일했었어요.
Trước đây tôi đã từng làm việc ở nhà máy.

31 よく～します

yoku ～ shimasu

基本（きほん） フレーズ 〔Basic Phrase、基本単词、기본 구절、Mẫu câu cơ bản〕

私（わたし）は 映画（えいが）を よく 見（み）ます。

Watashi wa eiga wo   yoku   mimasu

I often watch movies.　　我常看电影。

저는 영화를 자주 봐요.　　Tôi hay xem phim.

「よく～します」は、頻度（ひんど）の 高（たか）い 行動（こうどう）や 習慣（しゅうかん）などについての 表現（ひょうげん）です。

〔English〕	"yoku ~ shimasu" is an expression that you do something regularly.
〔中文〕	"yoku ~ shimasu" 是用来形容频率高的行动或习惯的句型。
〔한국어〕	"yoku ~ shimasu" 빈도가 높은 행동이나 습관을 말할 때의 표현입니다.
〔tiếng Việt〕	"yoku ~ shimasu" là cách nói thể hiện tần suất cao về hành động nào đó cũng như thói quen trong cuộc sống.

●基本（きほん）パターン● 〔Basic Pattern、基本句型、기본 패턴、Cấu trúc cơ bản〕

～ は ＋ よく ～ します

　　wa　　yoku　　　shimasu

基本パターンで言ってみよう!

私は よく 外食します。
Watashi wa yoku gaishokushimasu

I often eat out.
我常在外面吃饭。
저는 외식을 잘 해요.
Tôi thường đi ăn ở ngoài.

彼は よく 出張します。
Kare wa yoku shucchoushimasu

He often goes on business trips.
他常出差。
그는 출장을 자주 가요.
Anh ấy hay đi côg tác.

彼女は よく 遅刻します。
Kanojo wa yoku chikokushimasu

She is often late.
她常迟到。
그녀는 자주 지각해요.
Cô ấy hay đến muộn.

私たちは よく 会います。
Watashitachi wa yoku aimasu

We often meet.
我们常见面。
우리는 자주 만나요.
Chúng tôi thường xuyên gặp nhau.

私は あの店に よく 行きます。
Watashi wa ano mise ni yoku ikimasu

I often go to that shop.
我常去那间店。
저는 그 가게에 잘 가요.
Tôi hay đến cửa hàng đó.

私は 家族に よく 電話します。
Watashi wa kazoku ni yoku denwashimasu

I often call my family.
我常打电话给家人。
저는 가족에게 자주 전화해요.
Tôi thường gọi điện thoại cho gia đình.

 フレーズ 🎵 〔Basic Phrase、基本单词、기본 구절、Mẫu câu cơ bản〕

これは 使^{つか}いやすい です。

Kore wa　　　　tsukaiyasui　　　desu

This is easy to use.　　　这个很好用。

이건 사용하기 편리해요.　　Cái này rất dễ sử dụng.

「〜しやすいです」は、自分^{じぶん}にとって便利^{べんり}な物^{もの}・道具^{どうぐ}などについての表現^{ひょうげん}です。

〔English〕	"~ shiyasuidesu" is an expression that explains how easy it is to use or do something.
〔中文〕	"~ shiyasuidesu" 是形容对自己而言很容易使用的东西或工具时的句型。
〔한국어〕	"~ shiyasuidesu" 어떤 행위나 사용이 용이하거나, 어떤 행동의 가능성이 많음을 나타내는 표현입니다.
〔tiếng Việt〕	"~ shiyasuidesu" là cách nói thể hiện ý kiến của mình về sự tiện lợi của một vật hay một dụng cụ nào đó.

●基本^{きほん}パターン● 〔Basic Pattern、基本句型、기본 패턴、Cấu trúc cơ bản〕

〜 は ＋ 〜 しやすいです
　　wa　　　　　　shiyasui desu

基本パターンで言ってみよう！

このペンは 書きやすい です。
Kono pen wa　　kakiyasui　　desu

This pen is easy to write with.
这支笔很好写。
이 펜은 쓰기 좋아요.
Cái bút này rất dễ viết.

この本は 読みやすい です。
Kono hon wa　　yomiyasui　　desu

This book is easy to read.
这本很容易读。
이 책은 읽기 좋아요.
Quyển sách này rất dễ đọc.

この地図は わかりやすい です。
Kono chizu wa　　wakariyasui　　desu

This map is easy to understand.
这张地图很容易看。
이 지도는 알기 쉬워요.
Bản đồ này rất dễ hiểu.

この靴は 歩きやすい です。
Kono kutsu wa　　arukiyasui　　desu

These shoes are comfortable to walk in.
这双鞋很好穿。
이 신발은 걷기 편해요.
Đôi giày này rất dễ đi.

その階段は 滑りやすい です。
Sono kaidan wa　　suberiyasui　　desu

The stairs are slippery.
这楼梯很容易滑倒。
그 계단은 (자칫) 미끄러지기 쉬워요.
Cầu thang đó rất dễ trượt chân.

この問題は 間違えやすい です。
Kono mondai wa　　machigaeyasui　　desu

We often make mistakes with this problem.
这个问题很容易答错。
이 문제는 (자칫) 틀리기 쉬워요.
Đề bài này rất dễ nhầm.

Ⅱ 使える！ 頻出パターン51

これは 使（つか）いづらい です。

Kore wa　　　tsukaizurai　　　desu

This is hard to use.　　　这个不好用。

이건 사용하기 불편해요.　　　Cái này rất khó sử dụng.

「～しづらいです」「～しにくいです」は、自分（じ ぶん）にとって不便（ふ べん）な物（もの）・道具（どう ぐ）などについての表現（ひょうげん）です。

〔English〕	" ~ shizuraidesu" " ~ shinikuidesu" is an expression that explains how difficult it is to use or do something.
〔中文〕	" ~ shizuraidesu" " ~ shinikuidesu" 是形容对自己而言不容易使用的东西或工具时的句型。
〔한국어〕	" ~ shizuraidesu" " ~ shinikuidesu" 어떤 행위나 사용에 어려움이 있음을 나타내는 표현입니다.
〔tiếng Việt〕	" ~ shizuraidesu" " ~ shinikuidesu" là cách nói thể hiện ý kiến của mình về sự bất tiện của một vật hay một dụng cụ nào đó.

●基本（き ほん）パターン● 〔Basic Pattern、基本句型、기본 패턴、Cấu trúc cơ bản〕

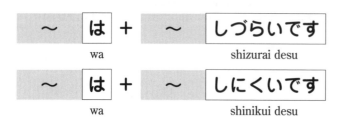

～　は　＋　～　しづらいです
　　 wa　　　　　　 shizurai desu

～　は　＋　～　しにくいです
　　 wa　　　　　　 shinikui desu

☺ 基本パターンで言ってみよう！

このペンは 書きづらい です。
Kono pen wa　　　kakizurai　　　desu

This pen is hard to write with.
这支笔不好写。
이 펜은 쓰기 불편해요.
Cái bút này rất khó viết.

この本は 読みづらい です。
Kono hon wa　　　yomizurai　　　desu

This book is hard to read.
这本不容易读。
이 책은 읽기 어려워요.
Quyển sách này rất khó đọc.

この地図は わかりづらい です。
Kono chizu wa　　　wakarizurai　　　desu

This map is hard to understand.
这张地图不容易看。
이 지도는 보기 어려워요.
Bản đồ này rất khó hiểu.

この靴は 歩きづらい です。
Kono kutsu wa　　　arukizurai　　　desu

These shoes are hard to walk in.
这双鞋不好穿。
이 신발은 걷기 불편해요.
Đôi giày này rất khó đi.

この道は 通りづらい です。
Kono michi wa　　　torizurai　　　desu

This road is hard to pass through.
这条路不容易走。
그 길은 지나가기 힘들어요.
Con đường này rất khó đi.

このドアは 開けにくい です。
Kono doa wa　　　akenikui　　　desu

This door is hard to open.
这个门不容易开。
이 문은 열기 불편해요.
Cánh cửa này rất khó mở.

私は 音楽が 好きです。

Watashi wa ongaku ga   sukidesu

I like music.　　　　　我喜欢听音乐。

저는 음악을 좋아해요.　Tôi thích âm nhạc.

「〜が好きです」は、自分が好きな物・趣味などについて話すときの表現です。

〔English〕	"〜 ga sukidesu" is an expression that you or someone talks about something you like (hobby, etc.)
〔中文〕	"〜 ga sukidesu" 形容自己喜欢的东西、兴趣时常用的句型。
〔한국어〕	"〜 ga sukidesu" 좋아하는 것・취미 등에 대해 말할 때의 표현입니다.
〔tiếng Việt〕	"〜 ga sukidesu" là cách nói về sở thích hoặc về việc làm mà bản thân mình ưa thích.

●基本パターン● 〔Basic Pattern、基本句型、기본 패턴、Cấu trúc cơ bản〕

〜	は	+	〜	が 好きです
	wa			ga sukidesu

基本パターンで言ってみよう!

私は 映画が 好きです。
Watashi wa eiga ga　　　sukidesu

I like movies.
我喜欢看电影。
저는 영화를 좋아해요.
Tôi thích phim ảnh.

彼は スポーツが 好きです。
Kare wa　　supotsu ga　　　sukidesu

He likes sports.
他喜欢运动。
저는 스포츠를 좋아해요.
Anh ấy thích chơi thể thao.

彼は ロックが 好きです。
Kare wa　　rokku ga　　　sukidesu

He likes rock.
他喜欢摇滚乐。
저는 록 음악을 좋아해요.
Anh ấy thích nhạc rock.

彼女は 絵が 好きです。
Kanojo wa　　e ga　　　sukidesu

She likes painting.
她喜欢画。
그녀는 그림을 좋아해요.
Cô ấy thích vẽ tranh.

母は 料理が 好きです。
Haha wa　ryouri ga　　　sukidesu

My mother likes cooking.
妈妈喜欢做菜。
저희 어머니는 요리를 좋아해요.
Mẹ tôi thích nấu ăn.

私は あなたが 好きです。
Watashi wa　anata ga　　　sukidesu

I like you.
我喜欢你。
저는 당신을 좋아해요.
Tôi thích bạn /em.

35 ～がほしいです

～ ga hoshiidesu

基<ruby>（き）</ruby>本<ruby>（ほん）</ruby> フレーズ 〔Basic Phrase、基本単词、기본 구절、Mẫu câu cơ bản〕

私<ruby>（わたし）</ruby>は 新<ruby>（あたら）</ruby>しいテレビが ほしいです。

Watashi wa　atarashii terebi ga　　　hoshiidesu

I want a new TV.　　　　　　　我想要台新的电视。

저는 새 텔레비전이 갖고싶어요.　Tôi muốn có tivi mới.

「～がほしいです」は、自分<ruby>（じぶん）</ruby>が買<ruby>（か）</ruby>いたい物<ruby>（もの）</ruby>、手<ruby>（て）</ruby>に入<ruby>（い）</ruby>れたい物<ruby>（もの）</ruby>などについて話<ruby>（はな）</ruby>すときの表現<ruby>（ひょうげん）</ruby>です。

〔English〕	"~ ga hoshiidesu" is an expression that you or someone want to buy or get something.
〔中文〕	"~ ga hoshiidesu" 形容想买的东西或想弄到手的事物时常用到的句型。
〔한국어〕	"~ ga hoshiidesu" 자신이 사고 싶은 것, 손에 넣고 싶은 것을 말할 때의 표현입니다.
〔tiếng Việt〕	"~ ga hoshiidesu" là cách nói về điều hoặc về thứ mà mình muốn mua, muốn có.

●基<ruby>（き）</ruby>本<ruby>（ほん）</ruby>パターン● 〔Basic Pattern、基本句型、기본 패턴、Cấu trúc cơ bản〕

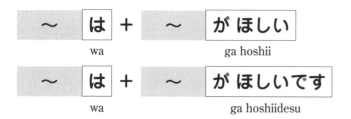

～ は ＋ ～ が ほしい
　　wa　　　　　　　ga hoshii

～ は ＋ ～ が ほしいです
　　wa　　　　　　　ga hoshiidesu

基本パターンで言ってみよう！

私は 車が ほしい。
Watashi wa kuruma ga hoshii

I want a car.
我想要有台车。
저는 차를 갖고 싶어요.
Tôi muốn có xe ô tô.

私は 彼氏が ほしいです。
Watashi wa kareshi ga hoshiidesu

I want a boyfriend.
我想要有男朋友。
저는 남자친구를 갖고 싶어요.
Tôi muốn có bạn trai.

僕は 彼女が ほしいです。
Boku wa kanojo ga hoshiidesu

I want a girlfriend.
我想要有女朋友。
저는 여자친구를 갖고 싶어요.
Anh ấy muốn có bạn gái.

私は 薬が ほしいです。
Watashi wa kusuri ga hoshiidesu

I want medicine.
我想要药。
저는 약이 필요해요.
Tôi muốn thuốc uống.

私は 新しい時計が ほしいです。
Watashi wa atarashii tokei ga hoshiidesu

I want a new clock.
我想要新的手表。
저는 새 시계가 갖고 싶어요.
Tôi muốn có đồng hồ mới.

私は もっと休みが ほしいです。
Watashi wa motto yasumi ga hoshiidesu

I want more days off.
我想要更多假。
저는 좀 더 휴식을 갖고 싶어요.
Tôi muốn được nghỉ nhiều hơn nữa.

36 ～が必要です

Track 46

～ ga hitsuyoudesu

基本 フレーズ 〔Basic Phrase、基本単词、기본 구절、Mẫu câu cơ bản〕

あなたの アドバイスが 必要です。

Anata no　　　　adobaisu ga　　　　hitsuyoudesu

I need your advice.　　　　我需要你的建议。

당신의 도움말이 필요해요.　　Tôi cần lời khuyên của bạn.

「～が必要です」は、自分が求めている物、足りない物などについての表現です。

〔English〕	"~ ga hitsuyoudesu" is an expression that you or someone needs something.
〔中文〕	"~ ga hitsuyoudesu" 形容自己需要的事物欠缺时常用到的句型。
〔한국어〕	"~ ga hitsuyoudesu" 자신이 원하는 것, 부족한 것 등에 대한 표현입니다.
〔tiếng Việt〕	"~ ga hitsuyoudesu" là cách nói về thứ mà mình cần thiết hoặc còn thiếu thốn.

●基本パターン● 〔Basic Pattern、基本句型、기본 패턴、Cấu trúc cơ bản〕

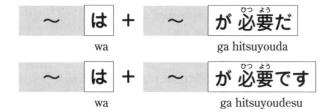

～	は	+	～	が必要だ
	wa			ga hitsuyouda

～	は	+	～	が必要です
	wa			ga hitsuyoudesu

基本パターンで言ってみよう！

あなたの 助けが 必要です。
Anata no　　tasuke ga　　hitsuyoudesu

I need your help.
我需要你的帮助。
당신의 도움이 필요해요.
Tôi cần sự giúp đỡ của bạn.

彼は 休みが 必要です。
Kare wa　yasumi ga　　hitsuyoudesu

He needs a rest.
他需要休息。
그는 휴식이 필요해요.
Anh ấy cần nghỉ ngơi.

私は お金が 必要です。
Watashi wa　okane ga　hitsuyoudesu

I need money.
我需要钱。
저는 돈이 필요해요.
Tôi cần tiền.

予約が 必要です。
Yoyaku ga　　hitsuyoudesu

You need to make a reservation.
需要先预约。
예약이 필요해요.
Cần phải đặt trước.

ビザが 必要です。
Biza ga　　hitsuyoudesu

I need a visa.
需要签证。
비자가 필요해요.
Cần phải có thị thực.

＜否定＞
ビザは 必要ありません。
Biza wa　　　hitsuyou arimasen

I don't need a visa.
不需要签证。
비자는 필요 없어요.
Không cần thị thực.

37 ～だそうです

～ dasoudesu

基本 フレーズ 🎵 〔Basic Phrase、基本単词、기본 구절、Mẫu câu cơ bản〕

彼は 休みだそうです。

Kare wa　　　yasumi dasoudesu

| I hear he's off. | 听说他休息。 |
| 그는 결석이래요. | Nghe nói anh ấy nghỉ. |

「～だそうです」は、ある人物の様子や、物事の状況などについて聞いたことを伝える表現です。

〔English〕	"~ dasoudesu" is an expression that you hear something and tell other people about someone or something's condition.
〔中文〕	"~ dasoudesu" 形容听说到某个人或某件事时常用到的句型。
〔한국어〕	"~ dasoudesu" 누군가의 모습, 상황 등에 대해 들은 것을 전달하는 표현입니다.
〔tiếng Việt〕	"~ dasoudesu" là cách nói khi truyền đạt lại điều mà mình đã nghe về tình hình của một người hoặc một sự việc nào đó.

●基本パターン● 〔Basic Pattern、基本句型、기본 패턴、Cấu trúc cơ bản〕

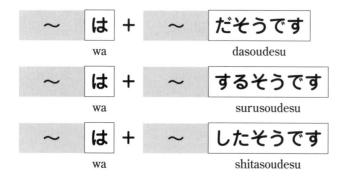

～ は + ～ だそうです
wa　　　　　　dasoudesu

～ は + ～ するそうです
wa　　　　　　surusoudesu

～ は + ～ したそうです
wa　　　　　　shitasoudesu

基本パターンで言ってみよう！

彼女は 病気だそうです。
Kanojo wa　　　byouki dasoudesu

I hear she's ill.
听说她生病了。
그녀는 병에 걸렸대요.
Nghe nói là cô ấy bị ốm.

あの話は 本当だそうです。
Ano hanashi wa　　　hontou dasoudesu

I hear that story is true.
听说那件事是真的。
그 이야기는 사실이래요.
Nghe nói câu chuyện đó là có thật.

彼は 留学するそうです。
Kare wa　　　ryugakusuru soudesu

I hear he'll study abroad.
听说他要去留学。
그는 유학을 간대요.
Nghe nói anh ấy sẽ đi du học.

＜過去＞
先生は 結婚したそうです。
Sensei wa　　　kekkonshita soudesu

I hear our teacher got married.
听说老师结婚了。
선생님은 결혼했대요.
Nghe nói cô giáo đã kết hôn rồi.

彼女は 入院したそうです。
Kanojo wa　　　nyuinshita soudesu

I hear she was hospitalized.
听说她住院了。
그녀는 입원했다고 합니다.
Nghe nói cô ấy nhập viện rồi.

地震が あったそうです。
Jishin ga　　　atta soudesu

I hear an earthquake occurred.
听说有地震。
지진이 있었다고 해요.
Nghe nói có động đất.

38 ～らしい
～ rashii

彼女は 来月 結婚するらしい。

Kanojo wa　raigetsu　　kekkonsuru rashii

I hear she'll get married next month.　　她好像下个月结婚。

그녀는 다음달에 결혼한다고 한다.　　Hình như tháng sau cô ấy kết hôn.

「～らしい」は、ある人物や物事などについて聞いたことを伝えたり、根拠に基づいて推測する表現です。

〔English〕	"~ rashii" is an expression that you hear something and tell other people about someone or something's condition or guess something based on a substantial fact.
〔中文〕	"~ rashii" 表达听到有关某个人或某件事的说法。
〔한국어〕	"~ rashii" 누군가의 모습, 상황 등에 대해 근거를 바탕으로 전달하거나 추측하는 표현입니다.
〔tiếng Việt〕	"~ rashii" là cách nói về điều mình đã nghe về tình trạng của một người hoặc một việc nào đó.

●基本パターン● 〔Basic Pattern、基本句型、기본 패턴、Cấu trúc cơ bản〕

～ は + ～ らしい
　　wa　　　　　rashii

～ は + ～ するらしい
　　wa　　　　　suru rashii

～ は + ～ したらしい
　　wa　　　　　shita rashii

138

基本パターンで言ってみよう！

明日、雨が 降るらしい。
Ashita   ame ga   huru rashii

It seems like it will rain tomorrow.
明天好像会下雨。
내일 비가 온다는 모양이다.
Hình như ngày mai trời mưa.

週末に 台風が 来るらしい。
Shumatsu ni taihu ga   kuru rashii

It seems that a typhoon is coming this weekend.
周末好像有台风。
주말에 태풍이 온다고 한다.
Hình như cuối tuần có bão.

彼女は 病気らしい。
Kanojo wa   byouki rashii

It seems that she is ill.
她好像生病了。
그녀는 병에 걸린 모양이다.
Hình như cô ấy bị ốm.

彼は 来週 帰国するらしい。
Kare wa raishu   kikokusuru rashii

I hear he'll go back to his country next week.
他好像下周归国。
그는 다음주에 귀국할 모양이다.
Hình như tuần sau anh ấy về nước.

その仕事は 大変らしい。
Sono shigoto wa   taihen rashii

The work seems to be difficult.
那个工作好像很辛苦。
그 일은 힘들대.
Hình như công việc đó vất vả lắm.

＜過去＞
地震が 起きたらしい。
Jishin ga   okita rashii

It seems that an earthquake occurred.
好像有地震。
지진이 발생한 모양이다.
Hình như có một trận động đất đã xảy ra.

39 〜のようです

〜 noyoudesu

 **基本 フレーズ** 〔Basic Phrase、基本单词、기본 구절、Mẫu câu cơ bản〕

彼女は 留学生 のようです。

Kanojo wa　ryugakusei　　noyoudesu

She seems to be an international student.　她好像是留学生。

그녀는 유학생인 것 같아요.　Chắc cô ấy là du học sinh.

「〜のようです」は、ある人物の様子や、物事の状況などについて推測する表現です。

〔English〕	" ~ noyoudesu" is an expression that guess someone or something's condition.
〔中文〕	" ~ noyoudesu" 推测关于某个人或某件事时的句型。
〔한국어〕	" ~ noyoudesu" 누군가의 모습, 상황 등에 대해 추측하는 표현입니다.
〔tiếng Việt〕	" ~ noyoudesu" là cách nói về suy đoán của mình về tình trạng của một người hoặc một sự việc nào đó.

● **基本パターン** ● 〔Basic Pattern、基本句型、기본 패턴、Cấu trúc cơ bản〕

〜	は	+	〜	のようだ、	のようです
	wa			noyouda	noyoudesu

〜	は	+	〜	するようだ、	するようです
	wa			suruyouda	suruyoudesu

〜	は	+	〜	したようだ、	したようです
	wa			shitayouda	shitayoudesu

〜のようです

基本パターンで言ってみよう!

彼は 病気のようです。
Kare wa　　byouki noyoudesu

He seems to be sick.
他好像生病了。
그는 병에 걸린 것 같아요.
Chắc anh ấy bị ốm.

彼は 怒っているようだ。
Kare wa　　okotteiru youda

He seems to be angry.
他好像生气了。
그는 화가 난 것 같다.
Chắc anh ấy đang tức giận.

私は 風邪を ひいたようだ。
Watashi wa　kaze wo　　hiita youda

I think I have caught a cold.
我好像感冒了。
나는 감기에 걸린 것 같다.
Có lẽ tôi bị cảm.

週末に 台風が 来るようだ。
Shumatsu ni taihu ga　　kuru youda

It seems a typhoon will come during the weekend.
下周好像有台风要来。
주말에 태풍이 오나 보다.
Chắc cuối tuần bão sẽ đến.

火事が あったようです。
Kaji ga　　atta youdesu

It seems a fire broke out.
好像有火灾。
불이 났었나 봅니다.
Chắc là có đám cháy.

事故が あったようです。
Jiko ga　　atta youdesu

It seems an accident occurred.
好像出事了。
사고가 있었나 봐요.
Chắc là có tai nạn.

II 使える! 頻出パターン51

40 〜そうです

〜 soudesu

基本 フレーズ 〔Basic Phrase、基本单词、기본 구절、Mẫu câu cơ bản〕

その映画は おもしろそうです。

Sono eiga wa　　　　　　omoshirosoudesu

The movie seems to be interesting.　　那部电影好像很好看。

그 영화는 재미있을 것 같아요.　　　　Bộ phim này có vẻ hay.

「〜そうです」は、ある事柄・人物などについての印象・感想などを話すときの表現です。

〔English〕	"~ soudesu" is an expression that describes an impression or thought about a thing or a person.
〔中文〕	"~ soudesu" 形容某个人或某件事时的印象、感想时常用的句型。
〔한국어〕	"~ soudesu" 어떤 사실·인물 등에 대한 인상이나 소감을 말할 때의 표현입니다.
〔tiếng Việt〕	"~ soudesu" là cách nói về ấn tượng hoặc cảm tưởng của mình về một sự việc hay một nhân vật nào đó.

●基本パターン● 〔Basic Pattern、基本句型、기본 패턴、Cấu trúc cơ bản〕

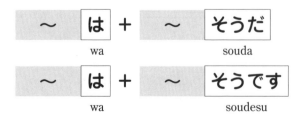

〜	は	+	〜	そうだ
	wa			souda

〜	は	+	〜	そうです
	wa			soudesu

基本パターンで言ってみよう！

これは おいしそうです。
Kore wa　　　oishisoudesu

This seems to be delicious.
这个好像很好吃。
이거 맛있어 보여요.
Cái này trông có vẻ ngon.

彼らは 楽しそうです。
Karera wa　　tanoshisoudesu

They seem to be having fun.
他好像挺开心的。
(그들은) 즐거워 보여요.
Họ trông có vẻ vui.

この辞書は 良さそうです。
Kono jisho wa　　　yosasoudesu

This dictionary seems to be good.
这本字典好像挺不错。
이 사전은 괜찮아 보여요.
Quyển từ điển này có vẻ tốt.

あの先生は 厳しそうだ。
Ano sensei wa　　kibishisouda

That teacher seems to be strict.
那个老师好像挺严格的。
저 선생님은 엄격할 것 같다.
Giáo viên đó trông có vẻ nghiêm khắc.

彼は 忙しそうだ。
Kare wa　isogashisouda

He seems busy.
他好像挺忙的。
그는 바빠 보인다.
Anh ấy có vẻ bận rộn.

その仕事は 大変そうだ。
Sono shigoto wa　　taihensouda

The work seems to be difficult.
那份工作好像很辛苦。
이건 어려운 일일 것 같다.
Công việc đó có vẻ vất vả.

41 ～するはずです

～ suruhazudesu

基本（きほん） フレーズ 〔Basic Phrase、基本単词、기본 구절、Mẫu câu cơ bản〕

彼（かれ）は ５時（じ）に 来（く）るはずです。

Kare wa　goji ni　　　kuruhazudesu

He is sure to come here at five.　他应该５点会来。

그는 ５시에 올 거예요.　Chắc chắn anh ấy sẽ đến lúc 5 giờ.

「～するはずです」は、ある人物（じんぶつ）、物事（ものごと）の予定（よてい）などについて、確信（かくしん）をもって話（はな）すときの表現（ひょうげん）です。

〔English〕	"~ suruhazudesu" is an expression that talks about a person's schedule or an event they are sure of.
〔中文〕	"~ suruhazudesu" 对某个人、某件事的预定表示确定的说法。
〔한국어〕	"~ suruhazudesu" 어떤 인물·사항의 예정 등에 대해, 확신을 가지고 말할 때의 표현입니다.
〔tiếng Việt〕	"~ suruhazudesu" là cách nói khi muốn khẳng định về một việc mà người khác sẽ làm hoặc một sự việc sẽ xảy ra.

●基本（きほん）パターン● 〔Basic Pattern、基本句型、기본 패턴、Cấu trúc cơ bản〕

～　は　＋　～　（する）はずだ
　　wa　　　　　　　（suru）hazuda

～　は　＋　～　（する）はずです
　　wa　　　　　　　（suru）hazudesu

～　は　＋　～　（する）はずでした
　　wa　　　　　　　（suru）hazudeshita

基本パターンで言ってみよう!

彼は 8 時に 出社するはずです。
Kare wa hachiji ni shusshasuruhazudesu

He is sure to come to the office by eight.
他应该是 8 点会来上班。
그는 8 시에 출근할 거예요.
Chắc chắn anh ấy sẽ đến công ty lúc 8 giờ.

荷物は 今日 届くはずです。
Nimotsu wa kyou todokuhazudesu

The luggage is sure to arrive today.
包裹应该是今天会到。
짐은 오늘 도착할 거예요.
Chắc chắn là hôm nay gói hàng sẽ đến nơi.

今日、試合が あるはずです。
Kyou shiai ga aruhazudesu

The game is sure to be held today.
今天应该有比赛。
오늘 시합이 있을 거예요.
Chắc chắn là hôm nay có trận đấu.

明日、会議が あるはずです。
Ashita kaigi ga aruhazudesu

The conference is sure to be held tomorrow.
明天应该有会议。
내일 회의가 있을 거예요.
Chắc chắn là ngày mai sẽ có cuộc họp.

近くに お店が あるはずです。
Chikaku ni omise ga aruhazudesu

There should be a shop nearby.
附近应该有店吧。
근처에 가게가 있을 거예요.
Chắc chắn là ở gần đây có cửa hàng.

<過去>
昨日、友達に 会うはずでした。
Kinou tomodachi ni auhazudeshida

I was supposed to see a friend yesterday.
昨天应该跟朋友见面了。
내일 친구와 만날 예정이었어요.
Hôm qua đáng lẽ tôi phải đi gặp bạn tôi.

42

～すぎます

～ sugimasu

基本 フレーズ 〔Basic Phrase、基本单词、기본 구절、Mẫu câu cơ bản〕

これは 大きすぎます。

Kore wa　　　　okisugimasu

This is too big.　这个太大了。

이건 너무 커요.　Cái này quá lớn.

「～すぎます」は、サイズ・量・程度などが自分の予想・希望とかなり違っていたときの表現です。

〔English〕　"~ sugimasu" is an expression that the size, the amount or degree is very different from what you expected.

〔中文〕　"~ sugimasu" 形容尺寸、重量、程度等跟自己的预期或期待有差异时的句型。

〔한국어〕　"~ sugimasu" 크기・양・정도 등이 자신의 예상이나 희망보다 과했을 때의 표현입니다.

〔tiếng Việt〕　"~ sugimasu" là cách nói khi thực tế kích cỡ, số lượng và mức độ trái ngược với tưởng tượng và mong muốn của mình.

●基本パターン● 〔Basic Pattern、基本句型、기본 패턴、Cấu trúc cơ bản〕

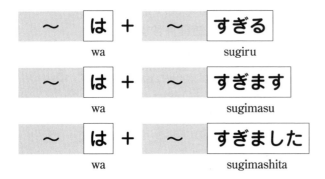

～	は	+	～	すぎる
	wa			sugiru

～	は	+	～	すぎます
	wa			sugimasu

～	は	+	～	すぎました
	wa			sugimashita

基本パターンで言ってみよう!

それは 小さすぎます。
Sore wa　　chiisasugimasu

It's too small.
这个太小了。
그건 너무 작아요.
Cái đó quá nhỏ.

これは 辛すぎます。
Kore wa　karasugimasu

This is too spicy.
这个太辣了。
이건 너무 매워요.
Món này quá cay.

量が 多すぎます。
Ryou ga　　osugimasu

Too much.
这个量太多了。
양이 너무 많아요.
Quá nhiều.

量が 少なすぎます。
Ryou ga　sukunasugimasu

Too little.
这个量太少了。
양이 너무 적어요.
Quá ít.

お湯が 熱すぎます。
Oyu ga　　atsusugimasu

The water is too hot.
这热水太烫了。
물이 너무 뜨거워요.
Nước nóng quá nóng.

＜過去＞
昨日、食べすぎました。
Kinou　　　tabesugimashita

I ate too much yesterday.
昨天吃太多了。
어제 너무 많이 먹었어요.
Hôm qua tôi ăn quá nhiều.

…より〜です

… yori 〜 desu

基本 フレーズ 〔Basic Phrase、基本単词、기본 구절、Mẫu câu cơ bản〕

私は 彼より 年上です。

Watashi wa kare yori   toshiue desu

I'm older than him. 　　　我比他大。

저는 그보다 연상이에요. 　 Tôi lớn tuổi hơn anh ấy.

「…より〜です」は、ある2つの物を比較して、サイズ・量・程度などについての表現です。

〔English〕	"… yori ~ desu" is an expression that compares two things in size, amount or degree.
〔中文〕	"… yori ~ desu" 比较两样事物的尺寸、量、程度时常用的句型。
〔한국어〕	"… yori ~ desu" 크기·양·정도 등에 대해 어떤 2가지를 비교해서 말하는 표현입니다.
〔tiếng Việt〕	"… yori ~ desu" là cách nói khi so sánh về kích cỡ, số lượng và mức độ giữa hai người, hai vật.

●基本パターン● 〔Basic Pattern、基本句型、기본 패턴、Cấu trúc cơ bản〕

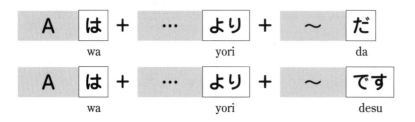

A	は +	…	より +	〜	だ
	wa		yori		da

A	は +	…	より +	〜	です
	wa		yori		desu

基本パターンで言ってみよう!

私は 彼女より 年下です。
Watashi wa kanojo yori   toshishita desu

I'm younger than her.
我比她小。
저는 그녀보다 연하입니다.
Tôi nhỏ tuổi hơn cô ấy.

これは あれより 高いです。
Kore wa   are yori   takai desu

This is more expensive than that.
这个比那个贵。
이것은 저것보다 비싸요.
Cái này đắt hơn cái đó.

これは それより 安いです。
Kore wa   sore yori   yasui desu

This is cheaper than that.
这个比那个便宜。
이건 그것보다 싸요.
Cái này rẻ hơn cái đó.

今年は 去年より 暑いです。
Kotoshi wa   kyonen yori   atsui desu

It's hotter this year than last year.
今年比去年热。
올해는 작년보다 더워요.
Năm nay nóng hơn năm ngoái.

今週は 先週より 寒いです。
Konshu wa   senshu yori   samui desu

It's colder this week than last week.
这周比上周冷。
이번주는 지난주보다 추워요.
Tuần này lạnh hơn tuần trước.

私は 肉より 魚が 好きです。
Watashi wa niku yori sakana ga   suki desu

I prefer fish to meat.
比起吃肉我更喜欢吃鱼。
저는 고기보다 생선을 좋아해요.
Tôi thích ăn cá hơn ăn thịt.

〔Basic Phrase、基本単語、기본 구절、Mẫu câu cơ bản〕

弟が 来るかもしれません。

Otouto ga　　　kuru kamoshiremasen

My younger brother might come. 　　我弟弟也许会来也不一定。

(남) 동생이 올지도 몰라요. 　　Có thể em trai tôi sẽ đến.

「～かもしれません」は、ある事柄や人について、自分の推測を述べるときの表現です。

〔English〕	"~kamoshiremasen" is an expression about your assumptions about a thing or a person.
〔中文〕	"~kamoshiremasen" 对某个人或某件事阐述自己的推测时的句型。
〔한국어〕	"~kamoshiremasen" 어떤 사실이나 사람에 대해 자신의 추측을 말할 때의 표현입니다.
〔tiếng Việt〕	"~kamoshiremasen" là cách nói khi trình bày về dự đoán của mình về một sự việc hoặc một người nào đó.

●基本パターン●　〔Basic Pattern、基本句型、기본 패턴、Cấu trúc cơ bản〕

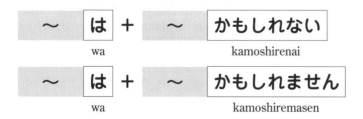

～　は　＋　～　かもしれない
　　 wa　　　　　kamoshirenai

～　は　＋　～　かもしれません
　　 wa　　　　　kamoshiremasen

基本パターンで言ってみよう！

だれか 来るかもしれません。
Dareka　　　kuru kamoshiremasen

Someone might come.
有人会来也不一定。
누가 올지도 몰라요.
Có thể người nào đó sẽ đến.

予定が 変わるかもしれません。
Yotei ga　　　kawaru kamoshiremasen

Our plans might change
预定也许会改也不一定。
예정이 바뀔 수 있어요.
Có thể dự định sẽ thay đổi.

人数が 増えるかもしれません。
Ninzu ga　　　hueru kamoshiremasen

The number of people might increase.
人数也许会增加也不一定。
인원수가 늘지도 몰라요.
Có thể số lượng người sẽ tăng.

病院で 少し 待つかもしれません。
Byouin de　sukoshi　　　matsu kamoshiremasen

You may wait a little at the hospital.
在医院要等一下也不一定。
병원에서 좀 기다릴 수도 있어요.
Có thể sẽ phải đợi một chút ở bệnh viện.

あなたと 一緒に
行けるかもしれません。
Anata to　isshoni　ikeru kamoshiremasen

I might be able to go with you.
我也许可以跟你一起去也不一定。
당신과 함께 갈 수 있을지도 몰라요.
Có thể tôi sẽ đi cùng bạn.

＜否定＞
私は 行かないかもしれません。
Watashi wa　　　ikanai kamoshiremasen

I may not go there.
我也许不去也不一定。
저는 어쩌면 안 갈지도 몰라요.
Có thể tôi sẽ không đi.

基本 フレーズ 〔Basic Phrase、基本単词、기본 구절、Mẫu câu cơ bản〕

遅刻してしまいました。

Chikokushiteshimaimashita

I was late. 我迟到了。

지각하고 말았습니다. Tôi lỡ đến muộn.

「～してしまいました」は、うっかりやってしまったことなどについての表現です。

〔English〕	"～ shiteshimaimashita" is an expression showing that you did something unintentionally.
〔中文〕	"～ shiteshimaimashita" 不小心做不好时的说法。
〔한국어〕	"～ shiteshimaimashita" 어떤 행동을 해버리고 말았을 때, 그 행동에 아쉬움이 남았을 때 등에 관한 표현입니다.
〔tiếng Việt〕	"～ shiteshimaimashita" là cách thể hiện về một việc mà mình đã lỡ làm.

●基本パターン● 〔Basic Pattern、基本句型、기본 패턴、Cấu trúc cơ bản〕

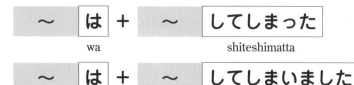

～	は +	～	してしまった
	wa		shiteshimatta
～	は +	～	してしまいました
	wa		shiteshimaimashita

基本パターンで言ってみよう！

寝坊してしまいました。
Neboushiteshimaimashita

I overslept.
我睡过头了。
늦잠을 자고 말았어요.
Tôi lỡ ngủ quên mất.

機械が 故障してしまいました。
Kikai ga　koshoushiteshimaimashita

The machine broke down.
机器故障了。
기계가 고장 나 버렸다.
Máy bị hỏng mất rồi.

財布を なくしてしまいました。
Saihu wo　nakushiteshimaimashita

I lost my wallet.
我钱包弄丢了。
지갑을 잃어버리고 말았다.
Tôi lỡ làm mất ví rồi.

お皿を 割ってしまいました。
Osara wo　watteshimaimashita

I carelessly broke the dishes.
我打破盘子了。
접시를 깨 버렸다.
Tôi lỡ làm vỡ cái đĩa mất rồi.

スマホを 忘れてしまいました。
Sumaho wo　wasureteshimaimashita

I forgot to bring my smartphone.
我忘了带手机了。
핸드폰을 잊어 버렸다.
Tôi để quên điện thoại mất rồi.

彼は 会社を 辞めてしまいました。
Kare wa　kaisha wo　yameteshimaimashita

He quit the company (for some reason).
他工作辞了。
그는 회사를 그만두고 말았다.
Anh ấy nghỉ việc mất rồi.

46

～したところです

～ shitatokorodesu

基本 フレーズ 〔Basic Phrase、基本単词、기본 구절、Mẫu câu cơ bản〕

私は お昼を 食べたところです。

Watashi wa　ohiru wo　　　tabeta tokorodesu

I just ate lunch.　　　　　　我刚吃完中餐。

저는 지금 막 점심을 먹었어요.　　Tôi vừa mới ăn trưa.

「～したところです」は、ある行為をしたり、ちょうどやり終えたときの表現です。

〔English〕	"~ shitatokorodesu" is an expression that someone or something has just finished.
〔中文〕	"~ shitatokorodesu" 形容刚完成某个动作或正好结束某个行为的说法。
〔한국어〕	"~ shitatokorodesu" 어떤 행동이 끝난 직후를 나타내는 표현입니다.
〔tiếng Việt〕	"~ shitatokorodesu" là cách nói khi thể hiện vừa hoàn tất một việc gì đó.

●基本パターン● 〔Basic Pattern、基本句型、기본 패턴、Cấu trúc cơ bản〕

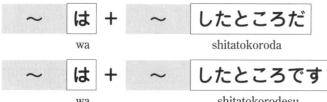

～	は	+	～	したところだ
	wa			shitatokoroda

～	は	+	～	したところです
	wa			shitatokorodesu

基本パターンで言ってみよう！

駅に 着いたところです。
Eki ni　　　tsuita tokorodesu

I just arrived at the station.
我刚到车站。
지금 막 역에 도착했어요.
Tôi vừa mới đến ga.

家に 帰ったところです。
Ie ni　　　kaetta tokorodesu

I've just got home.
我刚回到家。
지금 막 집에 돌아왔어요.
Tôi vừa mới về nhà.

ちょうど 電車が 行ったところです。
Choudo　densha ga　itta tokorodesu

The train just left.
电车刚走。
지금 막 전철이 갔어요.
Tàu điện vừa mới chạy rồi.

夕食が 出来たところです。
Yushoku ga　　　dekita tokorodesu

Dinner is just ready.
晚餐刚做好。
마침 저녁식사가 준비되었어요.
Bữa tối vừa mới nấu xong.

宿題を 終えたところです。
Shukudai wo　　　oeta tokorodesu

I've just finished my homework.
作业刚做完。
마침 숙제를 끝냈어요.
Tôi vừa mới làm xong bài tập về nhà.

仕事を 終えたところです。
Shigoto wo　　　oeta tokorodesu

I've just finished my work.
工作刚结束。
마침 일을 끝마쳤어요.
Tôi vừa mới làm xong việc.

47

～しなさい

～ shinasai

基本 フレーズ 〔Basic Phrase、基本単词、기본 구절、Mẫu câu cơ bản〕

車に 注意しなさい。

Kuruma ni　chui shinasai

Watch out for cars.　小心车子。

차조심 하세요.　Hãy chú ý, cẩn thận xe ô tô.

「～しなさい」は、親・先生などが子供・生徒などに指示・命令するときの表現です。
です。

〔English〕	"~ shinasai" is an expression that parents or teachers use to tell their children or students to do something.
〔中文〕	"~ shinasai" 父母、师长对子女、学生下指示或命令时用的句型。
〔한국어〕	"~ shinasai" 부모나 교사, 어른 등이 아이나 학생등에게 지시・명령하는 표현 입니다.
〔tiếng Việt〕	"~ shinasai" là cách cha mẹ, thầy cô nói khi muốn chỉ thị, ra lệnh cho con cái, học sinh làm một việc gì đó.

● 基本パターン ● 〔Basic Pattern、基本句型、기본 패턴、Cấu trúc cơ bản〕

～	しなさい
	shinasai

基本パターンで言ってみよう！

この部屋を 掃除しなさい。
Kono heya wo　　　souji shinasai

Clean this room.
房间整理一下。
이 방을 청소하세요.
Hãy dọn dẹp căn phòng này đi!

荷物を 整理しなさい。
Nimotsu wo　　seiri shinasai

Organize your luggage.
东西整理一下。
짐을 정리해요.
Hãy sắp xếp hành lý đi!

宿題を 提出しなさい。
Shukudai wo　teishutsu shinasai

Hand in your homework.
作业提交一下。
숙제를 제출하세요.
Hãy nộp bài tập về nhà!

もっと 勉強しなさい。
Motto　　　benkyou shinasai

Study harder.
多用功点。
더 공부하세요.
Hãy học nhiều hơn nữa!

静かに しなさい。
Shizukani　　shinasai

Be quiet.
安静。
조용히 하세요.
Hãy yên lặng!

あとで 職員室に 来なさい。
Atode　shokuinshitsu ni　　kinasai

Come to the staff room later.
待会来训导处一下。
이따가 직원실로 오세요.
Lát nữa đến văn phòng nhé!

II 使える！ 頻出パターン51

48 あまり～ない

amari ～ nai

基本 **フレーズ** 〔Basic Phrase、基本单词、기본 구절、Mẫu câu cơ bản〕

これは あまり おいしくない。

Kore wa　　amari　　　oishikunai

This isn't very good.　这个不太好吃。

이건 별로 맛이 없다.　Món này không ngon lắm.

「あまり～ない」は、自分にとって好ましくないもの、事柄などについての表現です。

〔English〕	"amari ～ nai" is an expression that is not a preferable thing or condition for you.
〔中文〕	"amari ～ nai" 形容对自己而言不太满意的事物时的句型。
〔한국어〕	"amari ～ nai" 뒤에 부정하는 말을 붙여, 특별한 정도는 아님을 나타내는 표현입니다.
〔tiếng Việt〕	"amari ～ nai" là cách nói về một thứ, một sự việc mà theo mình thì không tốt lắm.

● **基本パターン** ● 〔Basic Pattern、基本句型、기본 패턴、Cấu trúc cơ bản〕

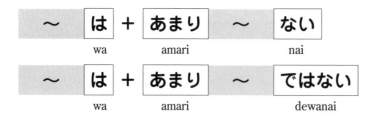

～	は	＋	あまり	～	ない
	wa		amari		nai

～	は	＋	あまり	～	ではない
	wa		amari		dewanai

基本パターンで言ってみよう!

私は あまり 楽しくない。
Watashi wa amari tanoshikunai

I'm not very happy.
我不太开心。
나는 별로 즐겁지 않아.
Tôi không vui lắm.

その服は あまり 良くない。
Sono huku wa amari yokunai

The clothes are not very good.
那件衣服不太好。
그 옷은 별로 안 좋아.
Quần áo đó không tốt lắm.

このドラマは あまり
おもしろくない。
Kono dorama wa amari omoshirokunai

This drama isn't very interesting.
这出连续剧不太好看。
이 드라마는 별로 재미가 없다.
Bộ phim truyền hình này không hay lắm.

この部屋は あまり 清潔ではない。
Kono heya wa amari seiketsu dewanai

This room isn't very clean.
这个房间不太干净。
이 방은 그다지 깨끗하지 않아.
Căn phòng này không sạch sẽ lắm.

私は その町を あまり 知らない。
Watashi wa sono machi wo amari shiranai

I don't know much about the town.
我不太了解那个地方。
나는 그 동네를 그다지 알지 못한다.
Tôi biết về khu phố này không nhiều lắm.

私は 魚が あまり 好きではない。
Watashi wa sakana ga amari suki dewanai

I don't like fish very much.
我不太喜欢鱼。
나는 생선을 별로 좋아하지 않는다.
Tôi không thích ăn cá lắm.

それほど～ない

Track 59

sorehodo ～ nai

基本 フレーズ ♪

今日、それほど 寒くない。

Kyou　　　sorehodo　　samukunai

It isn't so cold today.　　　今天没那么冷。

오늘은 그렇게 춥지 않아.　　Hôm nay trời không lạnh lắm.

「それほど～ない」は、予想よりも少ない、低いと感じたことなどについての表現です。

〔English〕	"sorehodo ～ nai" is an expression about lower expectations.
〔中文〕	"sorehodo ～ nai" 感觉比预想要少或低时会用的说法。
〔한국어〕	"sorehodo ～ nai" 예상보다 적거나, 낮다고 느낄 때의 표현입니다.
〔tiếng Việt〕	"sorehodo ～ nai" là cách nói về cảm giác ít hơn, thấp hơn so với tưởng tượng của mình.

●基本パターン● 〔Basic Pattern、基本句型、기본 패턴、Cấu trúc cơ bản〕

～	は	＋	それほど	～	ない
	wa		sorehodo		nai

～	は	＋	それほど	～	ではない
	wa		sorehodo		dewanai

基本パターンで言ってみよう！

人数は それほど 多くない。

Ninzu wa　　sorehodo　　okunai

The number of people isn't as much.
人没那么多。
인원수는 그렇게 많지 않아.
Số lượng người không nhiều lắm.

その服は それほど 高くない。

Sono huku wa　　sorehodo　　takakunai

The clothes are not very expensive.
那件衣服没那么贵。
그 옷은 그렇게 비싸지 않아.
Bộ quần áo đó không đắt lắm.

この薬は それほど 苦くない。

Kono kusuri wa　　sorehodo　　nigakunai

This medicine isn't so bitter.
这个药没那么苦。
이 약은 그렇게 쓰지 않아.
Thuốc này không đắng lắm.

それほど 悪くない。

Sorehodo　　warukunai

It isn't so bad.
没那么差。
그렇게 나쁘지 않아.
Không tệ lắm.

それほど 遠くない。

Sorehodo　　tokunai

It isn't so far (from here).
没那么远。
그렇게 멀지 않아.
Không xa lắm.

それほど 簡単ではない。

Sorehodo　　kantan dewanai

It isn't so easy.
没那么简单。
그렇게 간단하지 않다.
Không đơn giản lắm.

よく〜
yoku 〜

基本 フレーズ 〔Basic Phrase、基本单词、기본 구절、Mẫu câu cơ bản〕

私は 彼を よく 知っています。
Watashi wa kare wo yoku   shitteimasu

I know him well. 　　我很了解他。
저는 그를 잘 알아요. 　Tôi biết rõ anh ấy.

「よく〜」は、自分の知識・理解・記憶などの程度についての表現です。

〔English〕	"yoku ~" is an expression to show the degree of your knowledge, understanding or memory.
〔中文〕	"yoku ~" 形容自己的知识、理解以及记忆程度的句型。
〔한국어〕	"yoku ~" 자신의 지식이나 이해, 기억 등의 정도에 대한 표현입니다.
〔tiếng Việt〕	"yoku ~" là cách nói về mức độ hiểu biết, nhận thức hoặc ghi nhớ của bản thân.

●基本パターン● 〔Basic Pattern、基本句型、기본 패턴、Cấu trúc cơ bản〕

よく	〜
yoku	

よく	〜	ない
yoku		nai

基本パターンで言ってみよう!

よく わかります。
Yoku　　　wakarimasu

I understand it well.
我很明白。
잘 이해가 됩니다.
Tôi hiểu rõ rồi.

よく 覚えています。
Yoku　　　oboeteimasu

I remember it well.
我记得很清楚。
잘 기억하고 있어요.
Tôi nhớ rất rõ.

ここから よく 見えます。
Koko kara　　yoku　　miemasu

I can see it well from here.
从这里看得很清楚。
여기에서 잘 보여요.
Từ đây có thể thấy rất rõ.

＜否定＞
よく わからない。
Yoku　　　wakaranai

I don't understand it well.
不太明白。
잘 모르겠어.
Tôi không biết rõ.

よく 覚えていない。
Yoku　　　oboeteinai

I don't remember it well.
不太记得。
잘 기억이 안 나.
Tôi không nhớ rõ.

ここから よく 見えない。
Koko kara　　yoku　　mienai

I can't see it well from here.
从这里不太看得见。
여기에서 잘 안 보여.
Từ đây thì thấy không rõ lắm.

Ⅱ 使える! 頻出パターン51

51 まったく～ない

mattaku ～ nai

Track 61

基本 フレーズ 〔Basic Phrase、基本単词、기본 구절、Mẫu câu cơ bản〕

私は それを まったく 覚えていない。

Watashi wa sore wo   mattaku   oboeteinai

I don't remember it at all.　　　我完全不记得了。

나는 그것이 전혀 기억나지 않아.　Tôi hoàn toàn không nhớ chuyện đó.

「まったく～ない」は、ある事柄についての知識・理解・記憶などが全然ないことを伝える表現です。

〔English〕	"mattaku ~ nai" is an expression that you don't have any knowledge, understanding or memory about something.
〔中文〕	"mattaku ~ nai" 表达对某件事情完全没有知识、理解或记忆的说法。
〔한국어〕	"mattaku ~ nai" 무언가에 대해, 지식이나 이해, 기억 등이 전혀 없음을 나타내는 표현입니다.
〔tiếng Việt〕	"mattaku ~ nai" là cách nói thể hiện việc hoàn toàn không biết, không hiểu, không nhớ về một sự việc nào đó.

●基本パターン● 〔Basic Pattern、基本句型、기본 패턴、Cấu trúc cơ bản〕

まったく	～	ない
mattaku		nai

基本パターンで言ってみよう！

まったく わからない。
Mattaku wakaranai

I have no idea.
我完全不明白。
전혀 모르겠어.
Tôi hoàn toàn không hiểu gì cả.

まったく 知らない。
Mattaku shiranai

I don't know anything at all.
我完全不知道。
전혀 몰라.
Tôi hoàn toàn không biết gì cả.

まったく 聞こえない。
Mattaku kikoenai

I can't hear anything at all.
我完全听不见。
전혀 안 들려.
Tôi hoàn toàn không nghe thấy gì cả.

ここから まったく 見えない。
Koko kara mattaku mienai

I can't see anything from here at all.
从这里完全看不见。
여기에서 전혀 안 보여.
Từ chỗ này hoàn toàn không nhìn thấy gì cả.

雨が まったく 降らない。
Ame ga mattaku huranai

It doesn't rain at all.
完全不下雨。
비가 전혀 안 온다.
Trời hoàn toàn không mưa.

このドラマは まったく おもしろくない。
Kono dorama wa mattaku omoshirokunai

This drama isn't interesting at all.
这出戏完全不好看。
이 드라마는 정말 재미없어.
Bộ phim truyền hình này không hay chút nào cả.

52 ～させてください

～ sasetekudasai

〔基本〕 フレーズ 〔Basic Phrase、基本単词、기본 구절、Mẫu câu cơ bản〕

私に 説明させてください。

Watashi ni　　　setsumeisasete kudasai

Let me explain.　　　　让我说明一下。

제가 설명하게 해주세요.　　Hãy để tôi giải thích.

「～させてください」は、自分から何かをするとき、申し出るときの表現です。

〔English〕	"~ sasetekudasai" is an expression that you are offering to do something.
〔中文〕	"~ sasetekudasai" 自己提出要做某件事时的句型。
〔한국어〕	"~ sasetekudasai" 나서서 뭔가를 하겠다고 상대방에게 부탁하거나, 양해를 구할 때, 자신이 하겠다는 것을 낮추어 말할 때 쓰는 표현입니다.
〔tiếng Việt〕	"~ sasetekudasai" là cách nói dùng để đề nghị người khác để cho mình làm một việc gì đó.

●基本パターン● 〔Basic Pattern、基本句型、기본 패턴、Cấu trúc cơ bản〕

（私に）＋　～　させて

Watashi ni　　　　　　sasete

（私に）＋　～　させてください

Watashi ni　　　　　　sasete kudasai

基本パターンで言ってみよう!

私に 行かせてください。
Watashi ni　　ikasete kudasai

Let me go.
让我去。
제가 가겠습니다.
Hãy để tôi đi.

私に やらせてください。
Watashi ni　　yarasete kudasai

Let me do it.
让我做。
제가 하겠습니다.
Hãy để tôi làm.

私に 手伝わせてください。
Watashi ni　　tetsudawasete kudasai

Let me help you.
让我帮忙。
제가 도와드리겠습니다.
Hãy để tôi giúp đỡ.

私に 通訳させてください。
Watashi ni　　tsuyakusasete kudasai

Let me interpret.
让我翻译。
제가 통역해 드리겠습니다.
Hãy để tôi dịch.

自己紹介させてください。
Jiko shoukai　　sasete kudasai

Let me introduce myself.
让我自我介绍一下。
자기소개를 하겠습니다.
Cho phép tôi tự giới thiệu.

今日は 私に 払わせてください。
Kyou wa　watashi ni　　harawasete kudasai

Let me pay the bill today.
今天让我请客。
오늘은 제가 내겠습니다.
Hôm nay, hãy để tôi trả tiền.

53 ～させます

～ sasemasu

〔Basic Phrase、基本単词、기본 구절、Mẫu câu cơ bản〕

彼女（かのじょ）に 電話（でんわ）させます。

Kanojo ni   denwasasemasu

I'll have her call.　　　　　　　　我让她打电话。

그녀에게 전화하라고 할게요.　　　Tôi sẽ bảo cô ấy gọi điện thoại.

「～させます」は、だれかに何（なに）かをするよう指示（しじ）・手配（てはい）することを伝（つた）える表現（ひょうげん）です。

〔English〕	"~ sasemasu" is an expression that makes someone do something.
〔中文〕	"~ sasemasu" 指示或交代某人去做某件事时用的句型。
〔한국어〕	"~ sasemasu" 누군가에게 뭔가를 하도록 지시하거나 수배할 것을 전달하는 표현입니다.
〔tiếng Việt〕	"~ sasemasu" là cách nói dùng khi truyền đạt cho một người nào đó nội dung chỉ thị hoặc sắp xếp làm một việc gì đó.

●基本（きほん）パターン● 〔Basic Pattern、基本句型、기본 패턴、Cấu trúc cơ bản〕

～ に ＋ ～ させます

ni　　　　　　　　sasemasu

基本パターンで言ってみよう!

彼に 約束させます。
Kare ni　　yakusokusasemasu

I'll make him promise.
我让他跟你约定。
그에게 약속하게 하겠습니다.
Tôi sẽ bảo anh ấy hứa.

娘に 薬を 飲ませます。
Musume ni　kusuri wo　nomasemasu

I'll make my daughter take the medicine.
我让我女儿吃药。
딸에게 약을 먹입니다.
Tôi sẽ cho con gái uống thuốc.

子供に 宿題を やらせます。
Kodomo ni　shukudai wo　　yarasemasu

I'll have my child do the homework.
我让孩子写功课。
아이에게 숙제를 시킵니다.
Tôi sẽ cho con làm bài tập về nhà.

学生に 本を 読ませます。
Gakusei ni　hon wo　　yomasemasu

I'll have our students read books.
我让学生念书。
학생에게 책을 읽힙니다.
Tôi sẽ cho học sinh đọc sách.

彼に お酒を やめさせます。
Kare ni　osake wo　　　yamesasemasu

I'll make him stop drinking.
我让他戒酒。
그가 술을 못하게 하겠습니다.
Tôi sẽ bắt anh ấy bỏ rượu.

弟に タバコを やめさせます。
Otouto ni　tabako wo　　　yamesasemasu

I'll make my brother quit smoking.
我让我弟戒烟。
동생이 담배를 끊게 할 거예요.
Tôi sẽ bắt em trai bỏ thuốc lá.

II 使える! 頻出パターン51

54 ～されました

～ saremashita

基本 フレーズ 〔Basic Phrase、基本单词、기본 구절、Mẫu câu cơ bản〕

かれ せんせい ちゅうい
彼は 先生に 注意されました。

Kare wa　sensei ni　　chui saremashita

He was warned by the teacher.　　我被老师警告。

그는 선생님에게 주의를 받았습니다.　　Anh ấy bị giáo viên nhắc nhở.

ひと い もの ものごと なに こうい う ひょうげん
「～されました」は、人・生き物・物事などから何かの行為を受けたときの表現です。

〔English〕	"~ saremashita" is an expression that something was done by a person or thing.
〔中文〕	"~ saremashita" 指人、事、物受外力影响或左右的状态。
〔한국어〕	"~ saremashita" 누군가, 무언가가 나에게 뭔가의 행위를 했을 때의 피동표현입니다.
〔tiếng Việt〕	"~ saremashita" là cách nói thể hiện việc tiếp nhận từ người khác, con vật hoặc vụ việc một hành động nào đó. (thể bị động).

き ほん
●基本パターン● 〔Basic Pattern、基本句型、기본 패턴、Cấu trúc cơ bản〕

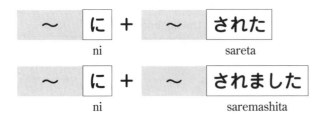

～ に ＋ ～ された
　　ni　　　　　sareta

～ に ＋ ～ されました
　　ni　　　　　saremashita

基本パターンで言ってみよう！

先生に 怒られました。
Sensei ni　　okoraremashita

I was scolded by the teacher.
我被老师骂。
선생님에게 혼났어요.
Tôi bị giáo viên mắng.

蚊に 刺されました。
Ka ni　　sasaremashita

I was bitten by a mosquito.
我被蚊子咬。
모기에 물렸어요.
Tôi đã bị muỗi cắn.

私の写真が 雑誌に 掲載された。
Watashi no shashin ga zasshi ni keisaisareta

My photo was published in the magazine.
我的照片被刊登在杂志上。
내 사진이 잡지에 게재되었다.
Ảnh của tôi đã được đăng lên tạp chí.

鞄を 奪われた。
Kaban wo　ubawareta

I was robbed of my bag.
我的包包被抢了。
가방을 뺏겼다.
Tôi đã bị cướp túi xách.

自転車を 盗まれた。
Jitensha wo　　nusumareta

I had my bicycle stolen.
我自行车被偷了。
자전거를 도난당했다.
Tôi đã bị lấy cắp xe đạp.

財布を 盗まれた。
Saihu wo　　nusumareta

I had my wallet stolen.
我钱包被偷了。
지갑을 도둑맞았다.
Tôi đã bị lấy cắp ví.

55 ～するつもりです

基本（きほん）フレーズ 🎵 〔Basic Phrase、基本单词、기본 구절、Mẫu câu cơ bản〕

来月（らいげつ）、私（わたし）は 引（ひ）っ越（こ）しするつもりです。

Raigetsu　watashi wa　　　　hikkoshisurutsumoridesu

I'm going to move next month.　　我下个月打算搬家。

다음달에, 저는 이사할 생각이에요.　　Tháng sau, tôi sẽ chuyển nhà.

「～するつもりです」は、将来（しょうらい）、自分（じぶん）がやろうと思（おも）っていること、やりたいことなどを伝（つた）える表現（ひょうげん）です。

〔English〕	"～ surutsumoridesu" is an expression to tell what you are going to do or want to do in the future.
〔中文〕	"～ surutsumoridesu" 表达自己未来想要做或正要做的事时的句型。
〔한국어〕	"～ surutsumoridesu" 미래에 자신이 하려고 생각하는 것, 하고 싶은 것을 말하는 표현입니다.
〔tiếng Việt〕	"～ surutsumoridesu" là cách nói thể hiện điều mình muốn làm hoặc sẽ làm.

●基本（きほん）パターン● 〔Basic Pattern、基本句型、기본 패턴、Cấu trúc cơ bản〕

～ ┃ は ┃ + ┃ ～ （する）つもりだ
wa　　　　　　　（suru）tsumorida

～ ┃ は ┃ + ┃ ～ （する）つもりです
wa　　　　　　　（suru）tsumoridesu

基本パターンで言ってみよう!

午後、散歩するつもりです。
Gogo　　　　　sanposurutsumoridesu

I'm going to take a walk in the afternoon.
我下午打算去散步。
오후에 산책할 생각이에요.
Buổi chiều, tôi sẽ đi dạo.

彼と 食事するつもりです。
Kare to　　　shokujisurutsumoridesu

I'm going to have dinner with him.
我打算跟他吃个饭。
그와 식사할 생각이에요.
Tôi sẽ dùng bữa với anh ấy.

彼は 新車を 買うつもりです。
Kare wa　shinsha wo　　　kautsumoridesu

He's going to buy a new car.
他打算买辆新车。
그는 새차를 살 생각이에요.
Anh ấy sẽ mua xe ô tô mới.

来週、京都に 行くつもりです。
Raishu　　　kyoto ni　　　ikutsumoridesu

I'm going to go to Kyoto next week.
下周打算去京都。
다음주에 교토에 갈 생각이에요.
Tuần sau tôi sẽ đi Kyoto.

来月、旅行するつもりです。
Raigetsu　　　ryokousurutsumoridesu

I'm going to travel next month.
下个月打算去旅行。
다음달에 여행할 생각이에요.
Tháng sau tôi sẽ đi du lịch.

日本で 就職するつもりです。
Nihon de　　　shushokusurutsumoridesu

I'm going to get a job in Japan.
打算在日本找工作。
일본에서 취직할 생각이에요.
Tôi sẽ tìm việc làm ở Nhật Bản.

56 〜が得意です、〜が苦手です

〜 ga tokuidesu, 〜 ga nigatedesu

基本 フレーズ 〔Basic Phrase、基本单词、기본 구절、Mẫu câu cơ bản〕

私は スポーツが 得意です。

Watashi wa　supotsu ga　　　tokui desu

I'm good at sports.　　我擅长体育。

저는 운동을 잘해요.　　Tôi chơi thể thao giỏi.

「〜が得意です」は自分が上手にできること、「〜が苦手です」はうまくできないこと、好きではないことなどについての表現です。

〔English〕	"〜 ga tokuidesu" is an expression to tell what you are good at. "〜 ga nigatedesu" is an expression about what you are not good at or you don't like.
〔中文〕	"〜 ga tokuidesu" 是形容自己善於做某件事，"〜 ga nigatedesu" 是形容自己不太善於做某件事的句型。
〔한국어〕	"〜 ga tokuidesu" 는 자신이 잘하는 것에 대한 표현, "〜 ga nigatedesu" 는 자신이 잘 못하는 것 등에 대한 표현입니다.
〔tiếng Việt〕	"〜 ga tokuidesu" nói về sở trường của mình, còn "〜 ga nigatedesu" là việc mà bản thân mình không giỏi, không thích làm lắm.

●基本パターン● 〔Basic Pattern、基本句型、기본 패턴、Cấu trúc cơ bản〕

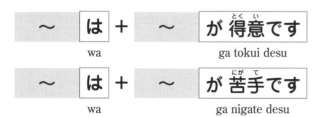

〜	は	+	〜	が 得意です
	wa			ga tokui desu

〜	は	+	〜	が 苦手です
	wa			ga nigate desu

基本パターンで言ってみよう!

私は 英語が 得意です。
Watashi wa eigo ga tokui desu

I'm good at English.
我擅长英文。
저는 영어를 잘해요.
Tôi nói thành thạo tiếng Anh.

彼は 水泳が 得意です。
Kare wa suiei ga tokui desu

He is good at swimming.
我擅长游泳。
그는 수영을 잘해요.
Anh ấy bơi rất giỏi.

彼女は 料理が 得意です。
Kanojo wa ryouri ga tokui desu

She is good at cooking.
她很擅长做饭。
그녀는 요리를 잘해요.
Cô ấy nấu ăn rất giỏi.

私は 辛い物が 苦手です。
Watashi wa karai mono ga nigate desu

I don't like spicy food.
辣的我不行。
저는 매운 걸 잘 못 먹어요.
Tôi không ăn được cay.

私は 漢字が 苦手です。
Watashi wa kanji ga nigate desu

I'm not good at kanji.
我汉字不行。
저는 한자를 잘 못해요.
Tôi không giỏi kanji.

私は 納豆が 苦手です。
Watashi wa nattou ga nigate desu

I don't like natto.
我纳豆不行。
저는 낫토를 잘 못 먹어요.
Tôi không ăn được natto.

57 ～しそうです

～ shisoudesu

〔Basic Phrase、基本単词、기본 구절、Mẫu câu cơ bản〕

もうすぐ雨が降りそうです。

Mousugu ame ga hurisoudesu

It seems that it'll rain soon.　快下雨了。

곧 비가 올 것 같아요.　Trời có vẻ sắp mưa rồi.

「～しそうです」は、まもなく何かが始まったり、ある状態になりそうなときの表現です。

〔English〕	"~ shisoudesu" is an expression that something is about happen or a condition.
〔中文〕	"~ shisoudesu" 形容不多久就要发生的事或状态。
〔한국어〕	"~ shisoudesu" 곧 무언가가 시작되거나, 어떤 상태가 될 것 같은 느낌, 낌새가 있을 때의 표현입니다.
〔tiếng Việt〕	"~ shisoudesu" là cách nói thể hiện một việc gì đó sắp bắt đầu hoặc sắp chuyển sang một trạng thái khác.

●基本パターン● 〔Basic Pattern、基本句型、기본 패턴、Cấu trúc cơ bản〕

～	は	+	～	しそうです
	wa			shisoudesu

基本パターンで言ってみよう！

そろそろ 雨が やみそうです。
Sorosoro　ame ga　　yamisoudesu

It seems that the rain will stop soon.
雨快要停了。
이제 비가 그칠 것 같아요.
Trời có vẻ sắp tạnh rồi.

バスが 出発しそうです。
Basu ga　　shuppatsushisoudesu

The bus is about to depart.
巴士快出发了。
버스가 출발할 것 같아요.
Xe buýt sắp khởi hành rồi.

この時計は 壊れそうです。
Kono tokei wa　　kowaresoudesu

This watch is about to be broken.
这个时钟快坏了。
이 시계는 망가질 것 같아요.
Chiếc đồng hồ này có vẻ sắp bị hỏng rồi.

レポートが 完成しそうです。
Repoto ga　　kanseishisoudesu

The report is about to be completed.
报告快写好了。
리포트가 완성될 것 같아요.
Bản báo cáo sắp hoàn thành rồi.

スマホの 充電が 切れそうです。
Sumaho no　　juden ga　　kiresoudesu

The charge of the smartphone seems to have run out.
手机快没电了。
핸드폰 충전이 꺼질 것 같아요.
Điện thoại sắp hết pin rồi.

疲れて 病気に なりそうです。
Tsukarete　byouki ni　　narisoudesu

I'm tired and feel sick.
累到快生病。
피곤해서 병에 걸릴 것 같아요.
Tôi mệt và có lẽ bị bệnh rồi.

II 使える！頻出パターン51

58 ～をどうぞ

Track 68

～ wo douzo

〔Basic Phrase、基本単語、기본 구절、Mẫu câu cơ bản〕

お茶を どうぞ。

Ocha wo　　douzo

Please have a cup of tea.　　请用茶。

차 드세요.　　Mời bà dùng trà.

「～をどうぞ」は、お客様に何かをすすめたり、あいさつするときなどの表現です。

〔English〕	"~ wo douzo" is an expression that suggests something to the visitor or customer.
〔中文〕	"~ wo douzo" 向客人推荐或打招呼时用的句型。
〔한국어〕	"~ wo douzo" 손님에게 정중하게 권유・부탁하거나, 인사할 때의 표현입니다.
〔tiếng Việt〕	"~ wo douzo" là cách nói khi chào hỏi và mời khách làm một việc gì đó.

●基本パターン●　〔Basic Pattern、基本句型、기본 패턴、Cấu trúc cơ bản〕

～　を どうぞ

wo douzo

どうぞ　～

Douzo

178

基本パターンで言ってみよう！

お菓子を どうぞ。
Okashi wo　　douzo

Sweets, please.
请用点心。
과자 드세요.
Mời ông dùng bánh kẹo.

おつまみを どうぞ。
Otsumami wo　　douzo

Snacks, please.
请用小菜。
안주 드세요.
Mời ông dùng món ăn nhẹ.

おしぼりを どうぞ。
Oshibori wo　　douzo

A hand towel, please.
请用热毛巾。
물수건 드리겠습니다.
Mời ông dùng khăn lau tay.

<どうぞ〜>
どうぞ よろしく。
Douzo　　yoroshiku

Nice to meet you.
请多多指教。
잘 부탁드리겠습니다.
Rất hân hạnh.

どうぞ ごゆっくり。
Douzo　　goyukkuri

Please take your time.
请慢慢来。
좋은 시간 되십시오.
Xin mời.

どうぞ ご遠慮なく。
Douzo　　goenryonaku

Please, don't be nervous.
请不要客气。
부담없이 드세요.
Xin ông cứ tự nhiên.

59 どうぞ～してください

Track 69

Douzo ～ shitekudasai

基本 フレーズ ♪ 〔Basic Phrase、基本单词、기본 구절、Mẫu câu cơ bản〕

どうぞ 食べてください。

Douzo　　　tabete kudasai

Please eat.　请用餐。

드세요.　　Mời anh ăn.

「どうぞ～してください」は、相手に何かを促したり、お客様に応対するときなどの表現です。

〔English〕	"Douzo ～ shitekudasai" is an expression that suggests something to a person or visitor.
〔中文〕	"Douzo ～ shitekudasai" 请对方做某件事或对应客人时的句型。
〔한국어〕	"Douzo ～ shitekudasai" 상대방에게 정중하게 권유하거나, 손님을 응대할 때의 표현입니다.
〔tiếng Việt〕	"Douzo ～ shitekudasai" là cách nói khi tiếp khách và mời khách làm một việc gì đó.

●基本パターン● 〔Basic Pattern、基本句型、기본 패턴、Cấu trúc cơ bản〕

どうぞ	～	（して）ください

Douzo　　　　　　　　　（shite）kudasai

180

基本パターンで言ってみよう!

どうぞ お召し上がりください。
Douzo omeshiagari kudasai

Please help yourself to the dishes.
请享用。
드십시오.
Mời ông dùng.

どうぞ お飲みください。
Douzo onomi kudasai

Please drink.
请享用。
드세요.
Mờiông uống.

どうぞ ご覧ください。
Douzo goran kudasai

Please take a look.
请看。
(편하게) 보시기 바랍니다.
Mời ông xem.

どうぞ お取りください。
Douzo otori kudasai

Please take it.
请拿。
(부담없이) 가져 가세요.
Xin mời.

どうぞ お上がりください。
Douzo oagari kudasai

Please come in.
请进。
들어오세요.
Mời ông vào.

どうぞ お座りください。
Douzo osuwari kudasai

Please sit down.
请坐。
앉으세요.
Mời ông ngồi.

60 どうも〜

Doumo 〜

基本（き ほん）フレーズ ♪ 〔Basic Phrase、基本単词、기본 구절、Mẫu câu cơ bản〕

どうも ありがとうございます。

Doumo　　　　　　arigatou gozaimasu

Thank you very much. 　　谢谢。

정말 감사합니다. 　　Xin cảm ơn.

「どうも〜」は、はっきり言葉（こと ば）にできないような感情（かんじょう）や状態（じょうたい）を表（あらわ）し、いろいろな場面（ば めん）で使（つか）われます。

〔English〕	"Doumo 〜" is an expression that cannot explain exactly what to say or express in a word in many circumstances.
〔中文〕	"Doumo 〜"形容无法明确地用言语表现出来的感情或状态，常常在各式各样的场面出现。
〔한국어〕	"Doumo 〜" 명확하게 말로 표현하기 어려운 감정이나 상태를 나타내며 다양한 장면에서 쓰입니다.
〔tiếng Việt〕	"Doumo 〜" có thể dùng ở nhiều trường hợp để thể hiện tâm trạng và cảm tưởng của bản thân mình không nói một cách cụ thể.

●基本（き ほん）パターン● 〔Basic Pattern、基本句型、기본 패턴、Cấu trúc cơ bản〕

どうも	〜	
Doumo		

どうも	〜	ない
Doumo		nai

基本パターンで言ってみよう!

どうも すみません。
Doumo　　　sumimasen

I'm so sorry.
对不起。
정말 죄송합니다.
Tôi rất xin lỗi.

どうも 失礼しました。
Doumo　　　shitsurei shimashita

I'm sorry about that.
真失礼。
정말 실례가 많았습니다.
Xin lỗi.

どうも ご苦労様です。
Doumo　　　gokurousama desu

Thank you for your trouble.
辛苦了。
정말 수고하셨습니다.
Cảm ơn về sự cố gắng và vất vả của bạn.

＜どうも〜ない＞
どうも 申し訳ない。
Doumo　　　moushiwakenai

I'm very sorry.
真是抱歉。
정말 송구해요.
Tôi thành thật xin lỗi.

どうも すっきり しない。
Doumo　　　sukkiri　　　shinai

I don't feel fine for some reason.
觉得不太畅快。
아무래도 개운치가 않다.
Tôi cảm thấy rất áy náy.

どうも やる気が 出ない。
Doumo　　　yaruki ga　　　denai

I don't feel motivated.
觉得好像不来劲。
아무래도 의욕이 안 생긴다.
Tôi cảm thấy không muốn làm gì cả.

61 とても〜

Track 71

totemo 〜

基本 フレーズ ♪ 〔Basic Phrase、基本单词、기본 구절、Mẫu câu cơ bản〕

これは とても おいしい。

Kore wa   totemo   oishii

This is very good.   这个非常有趣。

이건 정말 맛있다.   Món này rất ngon.

「とても〜」は、あとに続く言葉を良い意味で強調するとき、また、あとに続く否定文を強調するときなどに使われます。

〔English〕	"totemo 〜" is an expression to emphasize the following word in a positive way. Also, emphasize the negative.
〔中文〕	"totemo 〜" 好的形容副词，强调接下来的话，或强调接下来的否定文时用。
〔한국어〕	"totemo 〜" 뒤에 오는 말을 좋은 의미에서 강조할 때, 뒤에 오는 부정문을 강조할 때 등에 쓰입니다.
〔tiếng Việt〕	"totemo 〜" là cách nói khi muốn nhấn mạnh mức độ của tính từ đi sau nó.

●基本パターン● 〔Basic Pattern、基本句型、기본 패턴、Cấu trúc cơ bản〕

とても	〜
totemo	

とても	〜	ない
totemo		nai

基本パターンで言ってみよう!

この部屋は とても 広い。
Kono heya wa   totemo   hiroi

This room is quite spacious.
这个房间非常宽广。
이 방은 아주 넓다.
Căn phòng này rất rộng.

景色が とても すばらしかった。
Keshiki ga   totemo   subarashikatta

The scenery was very splendid.
景色非常漂亮。
경치가 정말 좋았어.
Phong cảnh rất tuyệt vời.

あのホテルは とても 良かった。
Ano hoteru wa   totemo   yokatta

That hotel was very good.
那个饭店非常棒。
그 호텔 정말 좋았어.
Khách sạn đó rất tốt.

彼に とても 感謝しています。
Kare ni   totemo   kansha shiteimasu

I really appreciate him.
我非常感谢他。
그에게 정말 감사드려요.
Tôi rất biết ơn anh ấy.

＜とても〜ない＞
彼には とても かなわない。
Kare niwa   totemo   kanawanai

I'm no match for him.
完全比不上他。
그에게는 도저히 당해낼 수 없다.
Tôi không thể so với anh ấy được đâu.

こんなに たくさん、
とても 食べきれない。
Konnani   takusan   totcmo   tabekirenai

I can't eat so much.
这么多，完全吃不完。
이렇게나 많이 , 도저히 다 먹을 수가 없어.
Nhiều quá thế này, tôi không thể ăn hết được đâu.

62 また〜

mata 〜

基本 フレーズ ♪ 〔Basic Phrase、基本单词、기본 구절、Mẫu câu cơ bản〕

また 会いましょう。

Mata　　　　aimashou

See you again.　　后会有期。

또 만나요.　　Hẹn gặp lại.

「また〜」は、再び何かをしようと話すときの表現です。

〔English〕	"mata ~" is an expression that tells someone to do something again.
〔中文〕	"mata ~" 想再次做某件事时会用到的句型。
〔한국어〕	"mata ~" 다시 뭔가를 하겠다 (하자) 는 표현입니다.
〔tiếng Việt〕	"mata ~" là cách thể hiện khi muốn nói về việc bản thân mình sẽ lại làm nữa.

●基本パターン● 〔Basic Pattern、基本句型、기본 패턴、Cấu trúc cơ bản〕

また	〜	する
mata		suru

また	〜	します
mata		shimasu

また	〜	しましょう
mata		shimashou

また	〜	してください
mata		shitekudasai

基本パターンで言ってみよう！

また 来ます。
Mata　　kimasu

I'll come again.
我会再来。
또 오겠습니다.
Tôi sẽ lại đến.

また 電話します。
Mata　denwa shimasu

I'll call you again.
我再打电话。
또 전화할게요.
Tôi sẽ gọi lại.

また 食事を しましょう。
Mata　shokuji wo　　shimashou

Let's go out for a meal again.
再一起吃饭哦。
다음에 또 식사해요.
Chúng ta lại sẽ cùng đi ăn nhé!

また お酒を 飲みましょう。
Mata　osake wo　　nomimashou

Let's go drinking again.
再一起喝酒哦。
다음에 또 같이 (술) 마셔요.
Chúng ta lại sẽ cùng đi uống nhé!

また 来てくださいね。
Mata　　kite kudasaine

Please come again.
再来哦。
또 오세요.
Hãy lại đến nhé!

また 電話してくださいね。
Mata　　denwashite kudasaine

Please call me again.
再打电话哦。
또 전화하세요.
Hãy lại gọi cho tôi nhé!

63 たぶん～

tabun ～

〔Basic Phrase、基本単词、기본 구절、Mẫu câu cơ bản〕

彼^{かれ}は たぶん 来^くるでしょう。

Kare wa　tabun　　kuru deshou

He'll probably come.　　他或许会来。

그는 아마 올 거예요.　　Có lẽ anh ấy sẽ đến.

「たぶん～」は、話^{はな}し手^ての予想^{よそう}、推測^{すいそく}、想像^{そうぞう}などを述^のべるときの表現^{ひょうげん}です。

〔English〕	"tabun ～" is an expression in which the speaker explains their thoughts and expectations.
〔中文〕	"tabun ～" 阐述说者的预想、推测、想象时用的说法。
〔한국어〕	"tabun ～" 말하는 사람의 확실하지 않은 예상이나 추측, 상상 등을 말할 때의 표현입니다.
〔tiếng Việt〕	"tabun ～" là cách nói thể hiện sự dự đoán, phỏng đoán hoặc tưởng tượng của mình với người đối diện.

●基本^{きほん}パターン●　〔Basic Pattern、基本句型、기본 패턴、Cấu trúc cơ bản〕

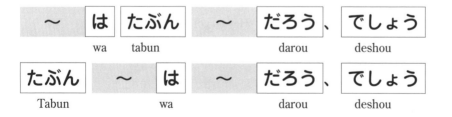

~ は たぶん ~ だろう、でしょう
　　wa　tabun　　　　darou　deshou

たぶん ~ は ~ だろう、でしょう
Tabun　　wa　　　darou　deshou

基本パターンで言ってみよう!

たぶん 彼は 会社に いるだろう。
Tabun　kare wa　kaisha ni　iru darou

Maybe he'll be in the company.
他或许在公司。
아마 그는 회사에 있을 것이다.
Có lẽ anh ấy ở công ty.

たぶん 彼女は 合格するでしょう。
Tabun　kanojo wa　goukakusuru deshou

Maybe she'll pass the test.
她或许会考上。
아마도 그녀는 합격할 것이다.
Có lẽ cô ấy sẽ thi đỗ.

たぶん 彼は 来ないでしょう。
Tabun　kare wa　konai deshou

Maybe he won't come.
他或许不来。
아마 그는 오지 않을 거예요.
Có lẽ anh ấy sẽ không đến.

たぶん 風邪を ひいた と思います。
Tabun　kaze wo　hiita　to omoimasu

I probably caught a cold.
我觉得我或许感冒了。
아마도 감기 걸린 것 같아요.
Tôi nghĩ có lẽ tôi đã bị cảm.

明日、たぶん 晴れるでしょう。
Ashita　tabun　hareru deshou

It'll probably be sunny tomorrow.
明天或许会放晴。
내일은 아마 맑을 거예요.
Ngày mai, có lẽ trời sẽ nắng.

明日、たぶん 雨が 降るでしょう。
Ashita　tabun　ame ga　huru deshou

It'll probably rain tomorrow.
明天或许会下雨。
내일은 아마 비가 올 거예요.
Ngày mai có lẽ trời sẽ mưa.

64 きっと〜

kitto 〜

〔Basic Phrase、基本単語、기본 구절、Mẫu câu cơ bản〕

彼は きっと 来ますよ。

Kare wa　　kitto　　kimasuyo

I'm sure he'll come.　　他一定会来的。

그는 반드시 올 거예요.　　Chắc chắn là anh ấy sẽ đến.

「きっと〜」は、話し手の強い願望、要望、決意、確信などを述べるときの表現です。

〔English〕 "kitto 〜" is an expression that the speaker talks about their strong hopes, certainties or decisions.

〔中文〕 "kitto 〜" 表达说话者强烈的愿望、期待、决心、把握时用的说法。

〔한국어〕 "kitto 〜" 말하는 사람의 강한 바람, 요망, 결의 확신 등을 말할 때의 표현입니다.

〔tiếng Việt〕 "kitto 〜" là cách thể hiện sự mong muốn, ước ao, quyết tâm và sự tin chắc của mình với người đối diện.

●基本パターン● 〔Basic Pattern、基本句型、기본 패턴、Cấu trúc cơ bản〕

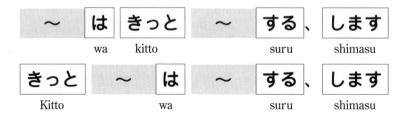

〜	は	きっと	〜	する、	します
	wa	kitto		suru	shimasu

きっと	〜	は	〜	する、	します
Kitto		wa		suru	shimasu

😊 基本パターンで言ってみよう！

彼女は きっと 合格しますよ。
Kanojo wa　kitto　goukakushimasuyo

I'm sure she'll pass the test.
她一定会考上的。
그녀는 꼭 합격할 거예요.
Chắc chắn là cô ấy sẽ thi đỗ.

彼女は きっと 無事ですよ。
Kanojo wa　kitto　buji desuyo

I'm sure she'll be safe.
她一定会没事的。
그녀는 꼭 무사할 거예요.
Chắc chắn là cô ấy sẽ được an toàn.

彼は きっと 大丈夫ですよ。
Kare wa　kitto　daijoubu desuyo

I'm sure he'll be all right.
他一定会没事的。
그는 분명 괜찮을 거예요.
Chắc chắn là anh ấy sẽ ổn.

きっと 見つかるよ。
Kitto　mitsukaruyo

I'm sure you'll find it.
一定会找到的。
반드시 찾을 수 있을 거예요.
Chắc chắn là bạn sẽ tìm thấy.

きっと 戻ってきますよ。
Kitto　modotte kimasuyo

I'm sure it'll be returned.
一定会回来的。
반드시 돌아올 거예요.
Chắc chắn là tôi sẽ trở lại.

きっと いいことが ありますよ。
Kitto　iikoto ga　arimasuyo

I'm sure something good will happen.
一定会有好事的。
반드시 좋을 일이 있을 거예요.
Chắc chắn là những điều tốt đẹp sẽ đến.

II
使える！ 頻出パターン51

65

念のために〜
ねん

Track 75

nennotameni 〜

基本 フレーズ 〔Basic Phrase、基本単词、기본 구절、Mẫu câu cơ bản〕
き ほん

念のために 確認してください。
ねん　　　　　　　　　　かく にん

Nennotameni　　　　　kakunin shitekudasai

Please check it just in case.

틀리면 안 되니까 확인해 주시기 바랍니다.

为以防万一确认一下。

Hãy kiểm tra lại cho chắc chắn.

「念のために〜」は、大事なことを伝えたり、何かトラブルを避けたいときなどに使
ねん　　　　　　　　　だい じ　　　　　　つた　　　　　なに　　　　　　　　　　　　　さ　　　　　　　　　つか
われます。

〔English〕	"nennotameni 〜" is used to tell something important or attempt to avoid trouble.
〔中文〕	"nennotameni 〜" 转达重要的事或为避免不必要的困扰时用的句型。
〔한국어〕	"nennotameni 〜" 중요한 것을 전달하거나, 뭔가 트러블을 회피하고자 할 때 쓰입니다.
〔tiếng Việt〕	"nennotameni 〜" sử dụng trong trường hợp nhắc nhở chú ý những việc quan trọng, tránh xảy ra rủi ro, tai nạn ...

●基本パターン● 〔Basic Pattern、基本句型、기본 패턴、Cấu trúc cơ bản〕
き ほん

念のために 〜 します
ねん
Nennotameni shimasu

念のために 〜 しよう、 しましょう
ねん
Nennotameni shiyou shimashou

念のために 〜 してください
ねん
Nennotameni shitekudasai

基本パターンで言ってみよう!

念のために アドレスを 教えます。
Nennotameni　adoresu wo　oshiemasu

I'll give you the address just in case.
为以防万一这是住址。
만일에 대비해서 메일 어드레스
알려드릴게요.
Để tôi đưa địa chỉ của tôi cho chắc ăn.

念のために 電話番号を 伝えます。
Nennotameni　denwa bangou wo　tsutaemasu

I'll tell the phone number just in case.
为以防万一这是电话。
혹시 모르니까 전화번호 알려드릴게요.
Để tôi cho số điện thoại cho chắc ăn.

念のために コピーを 取ります。
Nennotameni　kopi wo　torimasu

I'll take a copy just in case.
为以防万一拷贝一下。
만일에 대비해서 복사하겠습니다.
Để tôi coppy lại cho chắc ăn.

念のために 彼に 電話します。
Nennotameni　kare ni　denwa shimasu

I'll call him just in case.
为以防万一打电话给他。
확인차 그에게 전화하겠습니다.
Để tôi gọi cho anh ấy cho chắc ăn.

念のために 傘を 持って行こう。
Nennotameni　kasa wo　motte ikou

I'll take an umbrella just in case.
为以防万一还是拿把伞吧。
혹시 모르니까 우산 가지고 가야지.
Mang dù theo cho chắc ăn.

念のために 多めに 買っておこう。
Nennotameni　omeni　katte okou

I'll buy a lot just in case.
为以防万一还是多买一点吧。
혹시 모르니까 좀 넉넉히 사둬야지.
Mua nhiều hơn cho chắc ăn.

66

〜しないで（ください）

〜 shinaide（kudasai）

基本 フレーズ 🎵 〔Basic Phrase、基本単词、기본 구절、Mẫu câu cơ bản〕

ここに ゴミを 捨てないで。

Koko ni　　gomi wo　　　　sutenaide

(Please) don't throw away garbage here.　　请勿乱丢垃圾。

여기에 쓰레기를 버리지 마요.　　　　　　Đừng vứt rác ở đây.

「〜しないで（ください）」は、ある行為を相手にしてほしくないときの表現です。

〔English〕	"~ shinaide (kudasai)" is an expression that tells a person not to do a specific activity.
〔中文〕	"~ shinaide (kudasai)" 不希望对方做某个动作时的说法。
〔한국어〕	"~ shinaide (kudasai)" 어떤 행위를 하지 않기를 상대방에게 바랄 때의 표현입니다.
〔tiếng Việt〕	"~ shinaide (kudasai)" là cách nói khi không muốn người khác làm một việc gì đó.

●基本パターン● 〔Basic Pattern、基本句型、기본 패턴、Cấu trúc cơ bản〕

〜 しないで
　　shinaide

〜 しないで ください
　　shinaide kudasai

基本パターンで言ってみよう!

ここで 騒がないで。
Koko de sawaganaide

(Please) don't be noisy here.
请勿大声吵闹。
여기에서 떠들지 마요.
Đừng làm ầm ĩ ở đây.

ここに 車を 停めないで。
Koko ni kuruma wo tomenaide

(Please) don't park your car here.
请勿停车。
여기에 차를 세우지 마요.
Đừng đỗ xe ở đây.

ここで タバコを 吸わないで。
Koko de tabako wo suwanaide

(Please) don't smoke here.
请勿吸烟。
여기서 담배를 피우지 마요.
Không được hút thuốc ở đây.

商品に 触らないでください。
Shouhin ni sawaranaide kudasai

(Please) don't touch the products.
请勿碰触商品。
상품을 만지지 마세요.
Không được chạm tay vào hàng hoá.

写真を 撮らないでください。
Shashin wo toranaide kudasai

(Please) don't take photos (here).
请勿拍照。
사진 찍지 마세요.
Không được chụp ảnh.

芝生に 入らないでください。
Shibahu ni hairanaide kudasai

(Please) keep off the grass.
请勿践踏草坪。
잔디에 들어가지 마세요.
Không được giẫm lên cỏ.

67 〜しては いけません

〜 shitewa ikemasen

基本 フレーズ 〔Basic Phrase、基本单词、기본 구절、Mẫu câu cơ bản〕

ゴミを 捨てては いけません。

Gomi wo　　sutetewa　　　ikemasen

You must not throw away the garbage. 　禁止乱丢垃圾。

쓰레기를 버리면 안 됩니다. 　Cấm vứt rác.

「〜してはいけない」「〜してはいけません」は、ある行為を禁止する表現です。

〔English〕	"~ shitewa ikenai" "~ shitewa ikemasen" is an expression to inhibit a specific activity.
〔中文〕	"~ shitewa ikenai" "~ shitewa ikemasen" 禁止某项行为时的句型。
〔한국어〕	"~ shitewa ikenai" "~ shitewa ikemasen" 어떤 행위를 금지하는 표현입니다.
〔tiếng Việt〕	"~ shitewa ikenai" "~ shitewa ikemasen" là cách nói khi cấm làm một việc gì đó.

●基本パターン● 〔Basic Pattern、基本句型、기본 패턴、Cấu trúc cơ bản〕

〜	しては いけない

shitewa ikenai

〜	しては いけません

shitewa ikemasen

基本パターンで言ってみよう!

ここで 騒いでは いけません。
Koko de   sawaidewa   ikemasen

You must not make a fuss here.
禁止大声吵闹。
여기서 떠들면 안 돼요.
Không được làm ồn ở đây.

ここに 車を 停めては いけません。
Koko ni kuruma wo tometewa   ikemasen

You must not park your car here.
禁止停车。
여기에 차를 세우면 안 돼요.
Không được đậu xe ở đây.

ここで タバコを
吸っては いけません。
Koko de   tabako wo   suttewa ikemasen

You must not smoke here.
禁止吸烟。
여기서 담배를 피우면 안 돼요.
Không được hút thuốc ở đây.

商品に 触っては いけません。
Shouhin ni   sawattewa   ikemasen

You must not touch the products.
禁止触摸商品。
상품을 만지면 안 돼요.
Không được chạm tay vào hàng hoá.

写真を 撮っては いけません。
Shashin wo   tottewa   ikemasen

You must not take photos (here).
禁止拍照。
사진을 찍으면 안 돼요.
Không được chụp ảnh.

芝生に 入っては いけません。
Shibahu ni   haittewa   ikemasen

You must not walk on the lawn (here).
禁止践踏草坪。
잔디에 들어가면 안 됩니다.
Không được giẫm lên cỏ.

Ⅱ 使える! 頻出パターン51

～してみて（ください）

～ shitemite kudasai

 〔Basic Phrase、基本単词、기본 구절、Mẫu câu cơ bản〕

これを 食べてみて。

Kore wo　　　　　tabetemite

Try to eat this.	尝一下这个看看。
이거 먹어봐.	Hãy ăn thử món này xem.

「～してみて（ください）」は、相手に何かを試してみるよう、すすめる表現です。

〔English〕	"~ shitemite (kudasai)" is an expression that suggests doing something.
〔中文〕	"~ shitemite (kudasai)" 鼓励对方去尝试做某件事的句型。
〔한국어〕	"~ shitemite (kudasai)" 상대방에게 뭔가를 시도해 보도록 권유하는 표현입니다.
〔tiếng Việt〕	"~ shitemite (kudasai)" là cách nói dùng khi khuyến khích người khác trải nghiệm một việc gì đó.

●基本パターン●〔Basic Pattern、基本句型、기본 패턴、Cấu trúc cơ bản〕

～	してみて

shitemite

～	してみて ください

shitemite kudasai

基本パターンで言ってみよう！

彼に 電話してみて。
Kare ni　　denwashitemite

Try to call him.
打电话给他看看。
그 사람한테 전화해 봐.
Hãy gọi cho anh ấy thử xem.

この服を 試着してみて。
Kono huku wo　　shichakushitemite

Try on these clothes.
这件衣服试穿看看。
이 옷 시착해봐.
Hãy mặc thử quần áo này xem.

その店に 行ってみて。
Sono mise ni　　ittemite

Try to go to that store.
去这间店看看。
그 가게 가봐.
Hãy đến cửa hàng đó thử xem.

これを 飲んでみて。
Kore wo　　nondemite

Try to drink this.
喝看看。
이거 마셔봐.
Hãy uống thử cái này xem.

この本を 読んでみて。
Kono hon wo　　yondemite

Try to read this book.
这本书读看看。
이 책 읽어봐.
Hãy đọc thử quyển sách này xem.

彼女に 会ってみて ください。
Kanojo ni　　attemite　　kudasai

Please try to meet her.
跟她见面看看。
그녀를 만나 보세요.
Hãy gặp cô ấy thử xem.

69

～、お願いします

Track 79

～, onegai shimasu

〔Basic Phrase、基本単語、기본 구절、Mẫu câu cơ bản〕

精算、お願いします。

Seisan onegai shimasu

Settlement, please. 麻烦结帐。

정산 부탁해요. Làm ơn tính tiền cho tôi.

「～（を）お願いします」は、お店・駅・職場などで何かを求めるときに使える表現です。

〔English〕	"~ (wo) onegaishimasu" is an expression that orders or asks something at shops, stations or offices.
〔中文〕	"~ (wo) onegaishimasu" 在店铺、车站或工作的地方要求对方做某件事时用的句型。
〔한국어〕	"~ (wo) onegaishimasu" 가게나 역, 직장 등에서 뭔가를 요청하거나 부탁할 때 쓸 수 있는 표현입니다.
〔tiếng Việt〕	"~ (wo) onegaishimasu" là cách nói khi yêu cầu người khác làm một việc gì đó, dùng ở nhà hàng, cửa hàng, ga tàu, nơi làm việc ...

●基本パターン● 〔Basic Pattern、基本句型、기본 패턴、Cấu trúc cơ bản〕

～ 、 お願い
onegai

～ 、 お願いします
onegai shimasu

～ を お願いします
wo onegai shimasu

😊 基本パターンで言ってみよう！

これ、お願い。
Kore　　　onegai

Please handle this.
这个麻烦了。
이거 부탁해.
Cho tôi cái này.

サイン、お願いします。
Sain　　　onegai shimasu

Your signature, please.
麻烦签名一下。
사인 부탁해요.
Làm ơn ký tên.

チケットを２枚、お願いします。
Chiketto wo nimai　　　onegai shimasu

Two tickets, please.
麻烦两张票。
티켓 2 장 부탁합니다.
Cho tôi 2 vé.

ビールを２本、お願いします。
Biru wo nihon　　　onegai shimasu

Two beers, please.
麻烦来两瓶啤酒。
맥주 2 병 부탁해요.
Cho tôi hai chai bia.

日替わり定食、お願いします。
Higawari teishoku　　　onegai shimasu

Today's special, please.
麻烦上每日特餐。
오늘의 정식 , 주세요.
Cho tôi suất cơm đặc biệt của ngày.

資料の 確認を お願いします。
Shiryou no kakunin wo　　　onegai shimasu

Please check the documents.
麻烦确认一下资料。
자료 확인 부탁드려요.
Làm ơn xác nhận lại hồ sơ tài liệu.

II 使える！ 頻出パターン 51

70 〜をください

〜 wo kudasai

領収書（りょうしゅうしょ）を ください。

Ryoushusho wo　　kudasai

Please give me a receipt.　　给我收据。
영수증 주세요.　　Cho tôi xin phiếu thu.

「〜をください」は、69 と同（おな）じように、お店（みせ）・駅（えき）・職場（しょくば）などで何（なに）かを求（もと）めるときに使（つか）える表現（ひょうげん）です。

〔English〕	"~ wo kudasai" is an expression (like the previous entry, 69) that orders or asks for something at the shops, stations or offices.
〔中文〕	"~ wo kudasai" 跟 69 一样在店铺、车站或工作的地方要求对方做某件事时用的句型。
〔한국어〕	"~ wo kudasai" 69 와 마찬가지로, 가게나 역, 직장 등에서 뭔가를 요청할 때 쓸 수 있는 표현입니다.
〔tiếng Việt〕	"~ wo kudasai" cũng là cách nói khi yêu cầu, đề nghị người khác làm một việc gì đó giống như cách nói ở mục 69.

●基本（きほん）パターン● 〔Basic Pattern、基本句型、기본 패턴、Cấu trúc cơ bản〕

〜	を	ください
	wo	kudasai

基本パターンで言ってみよう!

お水を ください。
Omizu wo　kudasai

Please give me a glass of water.
给我杯水。
물 주세요.
Cho tôi một cốc nước.

資料を ください。
Shiryou wo　kudasai

Please give me the documents.
资料给我。
자료 주세요.
Làm ơn cho tôi xin tài liệu.

返事を ください。
Henji wo　kudasai

Please reply.
等您回复。
답장 / 답신 / 응답 주세요.
Hãy trả lời cho tôi biết.

連絡を ください。
Renraku wo　kudasai

Please contact me.
等您联系。
연락 주세요.
Hãy liên lạc với tôi.

証明書を ください。
Shoumeisho wo　kudasai

Please issue a certificate.
给我证明书。
증명서 주세요.
Cho tôi xin giấy chứng nhận.

休みを ください。
Yasumi wo　kudasai

Please let me take a break.
给我休假。
휴가를 / 쉴 시간을 주세요.
Làm ơn cho tôi nghỉ .

～してください

Track 81

～ shite kudasai

 〔Basic Phrase、基本单词、기본 구절、Mẫu câu cơ bản〕

連絡先を 書いてください。

Renrakusaki wo　　kaite kudasai

Please write your contact information.　写一下电话。

연락처를 써 주세요.　　　　　　　　Vui lòng viết thông tin liên lạc của bạn.

「～してください」は、相手にお願いしたいことを伝えるときの表現です。

〔English〕	"～ shitekudasai" is an expression that makes a request to a person.
〔中文〕	"～ shitekudasai" 有事麻烦对方或希望对方做某事时的句型。
〔한국어〕	"～ shitekudasai" 상대방에게 부탁하고 싶은 것이 있을 때, 뭔가의 행동을 요청하는 표현입니다.
〔tiếng Việt〕	"～ shitekudasai" là cách nói khi muốn nhờ, muốn đề nghị người khác làm một việc gì đó.

●基本パターン● 〔Basic Pattern、基本句型、기본 패턴、Cấu trúc cơ bản〕

～　してください
　　　shite kudasai

基本パターンで言ってみよう!

お店を 予約してください。
Omise wo　　yoyakushite kudasai

Please reserve the restaurant.
预约一下店。
가게를 예약해 주세요.
Làm ơn đặt chỗ nhà hàng.

学校に 連絡してください。
Gakkou ni　　renrakushite kudasai

Please contact the school.
联络学校一下。
학교에 연락해 주세요.
Hãy liên lạc với trường.

使い方を 教えてください。
Tsukaikata wo　　oshiete kudasai

Please tell me how to use it.
教我怎么用。
사용법을 가르쳐 주세요.
Làm ơn chỉ cho tôi cách sử dụng.

お金を 貸してください。
Okane wo　　kashite kudasai

Please lend me money.
借我钱。
돈을 빌려 주세요.
Làm ơn cho tôi vay tiền.

来週、ここに 来てください。
Raishu　　koko ni　　kite kudasai

Please come here next week.
下周来这里。
다음주에 여기로 오세요.
Hãy đến đây vào tuần sau.

この 薬を 飲んでください。
Kono　kusuri wo　　nonde kudasai

Take this medicine, please.
吃这个药试试。
이 약을 먹으세요.
Hãy uống thuốc này.

205

72 ～していただけませんか？

Track 82

～ shite itadakemasenka

基本 フレーズ 〔Basic Phrase、基本単词、기본 구절、Mẫu câu cơ bản〕

街を 案内していただけませんか？

Machi wo　　　　annaishite itadakemasenka

Could you show around the city?　可以带我到处逛逛吗？

시내를 좀 안내해 주시겠어요？　　Chị có thể dẫn tôi đi tham quan đường phố được không?

「～していただけませんか？」は、相手にお願いしたいことがあるときに使われる丁寧な表現です。

〔English〕	"~ shiteitadakemasenka?" is a polite expression that is used to ask a favor.
〔中文〕	"~ shiteitadakemasenka?" 有事麻烦对方时的客气说法。
〔한국어〕	"~ shiteitadakemasenka?" 상대방에게 정중하게 부탁하는 표현입니다.
〔tiếng Việt〕	"~ shiteitadakemasenka?" dùng khi muốn nhờ người khác làm một việc gì đó một cách lịch sự.

●基本パターン● 〔Basic Pattern、基本句型、기본 패턴、Cấu trúc cơ bản〕

～　していただけませんか ？

shite itadakemasenka

基本パターンで言ってみよう！

手伝っていただけませんか？
Tetsudatte itadakemasenka

Could you help me?
可以帮我一下吗？
좀 도와주시겠어요？
Ông có thể giúp tôi một chút được không?

道を 教えていただけませんか？
Michi wo　　　　oshiete itadakemasenka

Could you tell me the way?
可以告诉我怎么走吗？
길을 좀 알려주시겠어요？
Ông có thể chỉ đường giúp tôi được không?

荷物を 持っていただけませんか？
Nimotsu wo　　　motte itadakemasenka

Could you carry my luggage?
可以帮我拿一下行李吗？
짐을 좀 들어주시겠어요？
Ông có thể cầm hành lý giúp tôi được không?

写真を 撮っていただけませんか？
Shashin wo　　　totte itadakemasenka

Could you take a picture?
可以帮我拍一下照吗？
사진을 찍어주시겠어요？
Ông có thể chụp ảnh giúp tôi được không?

お金を 貸していただけませんか？
Okane wo　　　kashite itadakemasenka

Could you lend me some money?
可以借钱给我吗？
돈을 빌려주셨으면 하는데요.
Ông có thể cho tôi vay một số tiền được không?

明日、会っていただけませんか？
Ashita　　　　atte itadakemasenka

Could you get together tomorrow?
明天可以见面吗？
내일 좀 만나주셨으면 하는데요.
Ngày mai tôi có thể gặp ông được không?

＜付録＞

- よく使う動詞のリスト
- よく使う形容詞のリスト
- よく使う敬語（尊敬語、謙譲語）
- 物の数え方
- 基本単語
- 日本の 47 都道府県、主な都市
- 日本人に多い名字

よく使う動詞のリスト

●グループ１

会う	au	会います	会わない	会いません	会った	会いました	会わなかった
愛する	aisuru	愛します	愛さない	愛しません	愛した	愛しました	愛さなかった
開く	aku	開きます	開かない	開きません	開いた	開きました	開かなかった
遊ぶ	asobu	遊びます	遊ばない	遊びません	遊んだ	遊びました	遊ばなかった
謝る	ayamaru	謝ります	謝らない	謝りません	謝った	謝りました	謝らなかった
洗う	arau	洗います	洗わない	洗いません	洗った	洗いました	洗わなかった
ある	aru	あります	ない	ありません	あった	ありました	なかった
歩く	aruku	歩きます	歩かない	歩きません	歩いた	歩きました	歩かなかった
言う	iu	言います	言わない	言いません	言った	言いました	言わなかった
行く	iku	行きます	行かない	行きません	行った	行きました	行かなかった
頂く	itadaku	頂きます	頂かない	頂きません	頂いた	頂きました	頂かなかった
動く	ugoku	動きます	動かない	動きません	動いた	動きました	動かなかった
歌う	utau	歌います	歌わない	歌いません	歌った	歌いました	歌わなかった
移す	utsusu	移します	移さない	移しません	移した	移しました	移さなかった
写す	utsusu	写します	写さない	写しません	写した	写しました	写さなかった
選ぶ	erabu	選びます	選ばない	選びません	選んだ	選びました	選ばなかった
置く	oku	置きます	置かない	置きません	置いた	置きました	置かなかった
送る	okuru	送ります	送らない	送りません	送った	送りました	送らなかった
行う	okonau	行います	行わない	行いません	行った	行いました	行わなかった
怒る	okoru	怒ります	怒らない	怒りません	怒った	怒りました	怒らなかった
押す	osu	押します	押さない	押しません	押した	押しました	押さなかった
踊る	odoru	踊ります	踊らない	踊りません	踊った	踊りました	踊らなかった
驚く	odoroku	驚きます	驚かない	驚きません	驚いた	驚きました	驚かなかった
思う	omou	思います	思わない	思いません	思った	思いました	思わなかった
泳ぐ	oyogu	泳ぎます	泳がない	泳ぎません	泳いだ	泳ぎました	泳がなかった

辞書形	ローマ字	ます形	ない形	ません形	た形	ました形	なかった形
終わる	owaru	終わります	終わらない	終わりません	終わった	終わりました	終わらなかった
買う	kau	買います	買わない	買いません	買った	買いました	買わなかった
返す	kaesu	返します	返さない	返しません	返した	返しました	返さなかった
帰る	kaeru	帰ります	帰らない	帰りません	帰った	帰りました	帰らなかった
書く	kaku	書きます	書かない	書きません	書いた	書きました	書かなかった
貸す	kasu	貸します	貸さない	貸しません	貸した	貸しました	貸さなかった
通う	kayou	通います	通わない	通いません	通った	通いました	通わなかった
渇く	kawaku	渇きます	渇かない	渇きません	渇いた	渇きました	渇かなかった
聞く	kiku	聞きます	聞かない	聞きません	聞いた	聞きました	聞かなかった
切る	kiru	切ります	切らない	切りません	切った	切りました	切らなかった
消す	kesu	消します	消さない	消しません	消した	消しました	消さなかった
困る	komaru	困ります	困らない	困りません	困った	困りました	困らなかった
混む	komu	混みます	混まない	混みません	混んだ	混みました	混まなかった
壊す	kowasu	壊します	壊さない	壊しません	壊した	壊しました	壊さなかった
探す	sagasu	探します	探さない	探しません	探した	探しました	探さなかった
誘う	sasou	誘います	誘わない	誘いません	誘った	誘いました	誘わなかった
騒ぐ	sawagu	騒ぎます	騒がない	騒ぎません	騒いだ	騒ぎました	騒がなかった
触る	sawaru	触ります	触らない	触りません	触った	触りました	触らなかった
叱る	shikaru	叱ります	叱らない	叱りません	叱った	叱りました	叱らなかった
死ぬ	shinu	死にます	死なない	死にません	死んだ	死にました	死ななかった
閉まる	shimaru	閉まります	閉まらない	閉まりません	閉まった	閉まりました	閉まらなかった
知る	shiru	（知ります）	知らない	知りません	知った	知りました	知らなかった
座る	suwaru	座ります	座らない	座りません	座った	座りました	座らなかった
出す	dasu	出します	出さない	出しません	出した	出しました	出さなかった
立つ	tatsu	立ちます	立たない	立ちません	立った	立ちました	立たなかった
頼む	tanomu	頼みます	頼まない	頼みません	頼んだ	頼みました	頼まなかった
違う	chigau	違います	違わない	違いません	違った	違いました	違わなかった

使う tsukau	使います	使わない	使いません	使った	使いました	使わなかった
着く tsuku	着きます	着かない	着きません	着いた	着きました	着かなかった
手伝う tetsudau	手伝います	手伝わない	手伝いません	手伝った	手伝いました	手伝わなかった
通る toru	通ります	通らない	通りません	通った	通りました	通らなかった
止まる tomaru	止まります	止まらない	止まりません	止まった	止まりました	止まらなかった
取る toru	取ります	取らない	取りません	取った	取りました	取らなかった
撮る toru	撮ります	撮らない	撮りません	撮った	撮りました	撮らなかった
泣く naku	泣きます	泣かない	泣きません	泣いた	泣きました	泣かなかった
なる naru	なります	ならない	なりません	なった	なりました	ならなかった
脱ぐ nugu	脱ぎます	脱がない	脱ぎません	脱いだ	脱ぎました	脱がなかった
盗む nusumu	盗みます	盗まない	盗みません	盗んだ	盗みました	盗まなかった
残る nokoru	残ります	残らない	残りません	残った	残りました	残らなかった
飲む nomu	飲みます	飲まない	飲みません	飲んだ	飲みました	飲まなかった
乗る noru	乗ります	乗らない	乗りません	乗った	乗りました	乗らなかった
入る hairu	入ります	入らない	入りません	入った	入りました	入らなかった
運ぶ hakobu	運びます	運ばない	運びません	運んだ	運びました	運ばなかった
走る hashiru	走ります	走らない	走りません	走った	走りました	走らなかった
働く hataraku	働きます	働かない	働きません	働いた	働きました	働かなかった
話す hanasu	話します	話さない	話しません	話した	話しました	話さなかった
払う harau	払います	払わない	払いません	払った	払いました	払わなかった
開く hiraku	開きます	開かない	開きません	開いた	開きました	開かなかった
拾う hirou	拾います	拾わない	拾いません	拾った	拾いました	拾わなかった
降る huru	降ります	降らない	降りません	降った	降りました	降らなかった
減る heru	減ります	減らない	減りません	減った	減りました	減らなかった
待つ matsu	待ちます	待たない	待ちません	待った	待ちました	待たなかった
持つ motsu	持ちます	持たない	持ちません	持った	持ちました	持たなかった
戻る modoru	戻ります	戻らない	戻りません	戻った	戻りました	戻らなかった

もらう	morau	もらいます	もらわない	もらいません	もらった	もらいました	もらわなかった
休む	yasumu	休みます	休まない	休みません	休んだ	休みました	休まなかった
やる	yaru	やります	やらない	やりません	やった	やりました	やらなかった
呼ぶ	yobu	呼びます	呼ばない	呼びません	呼んだ	呼びました	呼ばなかった
読む	yomu	読みます	読まない	読みません	読んだ	読みました	読まなかった
喜ぶ	yorokobu	喜びます	喜ばない	喜びません	喜んだ	喜びました	喜ばなかった
わかる	wakaru	わかります	わからない	わかりません	わかった	わかりました	わからなかった
笑う	warau	笑います	笑わない	笑いません	笑った	笑いました	笑わなかった
割る	waru	割ります	割らない	割りません	割った	割りました	割らなかった

●グループ２

開ける	akeru	開けます	開けない	開けません	開けた	開けました	開けなかった
集める	atsumeru	集めます	集めない	集めません	集めた	集めました	集めなかった
いる	iru	います	いない	いません	いた	いました	いなかった
入れる	ireru	入れます	入れない	入れません	入れた	入れました	入れなかった
受ける	ukeru	受けます	受けない	受けません	受けた	受けました	受けなかった
起きる	okiru	起きます	起きない	起きません	起きた	起きました	起きなかった
遅れる	okureru	遅れます	遅れない	遅れません	遅れた	遅れました	遅れなかった
教える	oshieru	教えます	教えない	教えません	教えた	教えました	教えなかった
落ちる	ochiru	落ちます	落ちない	落ちません	落ちた	落ちました	落ちなかった
覚える	oboeru	覚えます	覚えない	覚えません	覚えた	覚えました	覚えなかった
降りる	oriru	降ります	降りない	降りません	降りた	降りました	降りなかった
変える	kaeru	変えます	変えない	変えません	変えた	変えました	変えなかった
かける	kakeru	かけます	かけない	かけません	かけた	かけました	かけなかった
借りる	kariru	借ります	借りない	借りません	借りた	借りました	借りなかった
決める	kimeru	決めます	決めない	決めません	決めた	決めました	決めなかった
着る	kiru	きます	きない	きません	きた	きました	きなかった

比べる kuraberu	比べます	比べない	比べません	比べた	比べました	比べなかった
答える kotaeru	答えます	答えない	答えません	答えた	答えました	答えなかった
閉める shimeru	閉めます	閉めない	閉めません	閉めた	閉めました	閉めなかった
調べる shiraberu	調べます	調べない	調べません	調べた	調べました	調べなかった
捨てる suteru	捨てます	捨てない	捨てません	捨てた	捨てました	捨てなかった
育てる sodateru	育てます	育てない	育てません	育てた	育てました	育てなかった
建てる tateru	建てます	建てない	建てません	建てた	建てました	建てなかった
食べる taberu	食べます	食べない	食べません	食べた	食べました	食べなかった
足りる tariru	足ります	足りない	足りません	足りた	足りました	足りなかった
付ける tsukeru	付けます	付けない	付けません	付けた	付けました	付けなかった
伝える tsutaeru	伝えます	伝えない	伝えません	伝えた	伝えました	伝えなかった
出来る dekiru	できます	できない	できません	できた	できました	できなかった
出る deru	でます	でない	でません	でた	でました	でなかった
届ける todokeru	届けます	届けない	届けません	届けた	届けました	届けなかった
止める tomeru	止めます	止めない	止めません	止めた	止めました	止めなかった
慣れる nareru	慣れます	慣れない	慣れません	慣れた	慣れました	慣れなかった
逃げる nigeru	逃げます	逃げない	逃げません	逃げた	逃げました	逃げなかった
寝る neru	ねます	ねない	ねません	ねた	ねました	ねなかった
始める hajimeru	始めます	始めない	始めません	始めた	始めました	始めなかった
増える hueru	増えます	増えない	増えません	増えた	増えました	増えなかった
ほめる homeru	ほめます	ほめない	ほめません	ほめた	ほめました	ほめなかった
見える mieru	見えます	見えない	見えません	見えた	見えました	見えなかった
見せる miseru	見せます	見せない	見せません	見せた	見せました	見せなかった
見る miru	みます	みない	みません	みた	みました	みなかった
止める yameru	止めます	止めない	止めません	止めた	止めました	止めなかった
別れる wakareru	別れます	別れない	別れません	別れた	別れました	別れなかった
忘れる wasureru	忘れます	忘れない	忘れません	忘れた	忘れました	忘れなかった

●グループ３

挨拶する aisatsusuru	挨拶します	挨拶しない	挨拶しません	挨拶した	挨拶しました	挨拶しなかった
案内する annaisuru	案内します	案内しない	案内しません	案内した	案内しました	案内しなかった
運転する untensuru	運転します	運転しない	運転しません	運転した	運転しました	運転しなかった
観光する kankousuru	観光します	観光しない	観光しません	観光した	観光しました	観光しなかった
感謝する kanshasuru	感謝します	感謝しない	感謝しません	感謝した	感謝しました	感謝しなかった
来る kuru	来ます	来ない	来ません	来た	来ました	来なかった
結婚する kekkonsuru	結婚します	結婚しない	結婚しません	結婚した	結婚しました	結婚しなかった
交換する koukansuru	交換します	交換しない	交換しません	交換した	交換しました	交換しなかった
参加する sankasuru	参加します	参加しない	参加しません	参加した	参加しました	参加しなかった
残業する zangyousuru	残業します	残業しない	残業しません	残業した	残業しました	残業しなかった
賛成する sanseisuru	賛成します	賛成しない	賛成しません	賛成した	賛成しました	賛成しなかった
質問する shitsumonsuru	質問します	質問しない	質問しません	質問した	質問しました	質問しなかった
就職する shushokusuru	就職します	就職しない	就職しません	就職した	就職しました	就職しなかった
修理する shurisuru	修理します	修理しない	修理しません	修理した	修理しました	修理しなかった
出席する shussekisuru	出席します	出席しない	出席しません	出席した	出席しました	出席しなかった
出張する shucchousuru	出張します	出張しない	出張しません	出張した	出張しました	出張しなかった
出発する shuppatsusuru	出発します	出発しない	出発しません	出発した	出発しました	出発しなかった
準備する junbisuru	準備します	準備しない	準備しません	準備した	準備しました	準備しなかった
紹介する shoukaisuru	紹介します	紹介しない	紹介しません	紹介した	紹介しました	紹介しなかった
する suru	します	しない	しません	した	しました	しなかった
説明する setsumeisuru	説明します	説明しない	説明しません	説明した	説明しました	説明しなかった

洗濯する sentakusuru	洗濯します	洗濯しない	洗濯しません	洗濯した	洗濯しました	洗濯しなかった
掃除する soujisuru	掃除します	掃除しない	掃除しません	掃除した	掃除しました	掃除しなかった
相談する soudansuru	相談します	相談しない	相談しません	相談した	相談しました	相談しなかった
注意する chuisuru	注意します	注意しない	注意しません	注意した	注意しました	注意しなかった
注文する chumonsuru	注文します	注文しない	注文しません	注文した	注文しました	注文しなかった
電話する denwasuru	電話します	電話しない	電話しません	電話した	電話しました	電話しなかった
到着する touchakusuru	到着します	到着しない	到着しません	到着した	到着しました	到着しなかった
勉強する benkyousuru	勉強します	勉強しない	勉強しません	勉強した	勉強しました	勉強しなかった
返事する henjisuru	返事します	返事しない	返事しません	返事した	返事しました	返事しなかった
約束する yakusokusuru	約束します	約束しない	約束しません	約束した	約束しました	約束しなかった
用意する youisuru	用意します	用意しない	用意しません	用意した	用意しました	用意しなかった
予約する yoyakusuru	予約します	予約しない	予約しません	予約した	予約しました	予約しなかった
留学する ryugakusuru	留学します	留学しない	留学しません	留学した	留学しました	留学しなかった
利用する riyousuru	利用します	利用しない	利用しません	利用した	利用しました	利用しなかった
料理する ryourisuru	料理します	料理しない	料理しません	料理した	料理しました	料理しなかった
旅行する ryokousuru	旅行します	旅行しない	旅行しません	旅行した	旅行しました	旅行しなかった
練習する renshusuru	練習します	練習しない	練習しません	練習した	練習しました	練習しなかった
連絡する renrakusuru	連絡します	連絡しない	連絡しません	連絡した	連絡しました	連絡しなかった

よく使う形容詞のリスト

●い形容詞

青い aoi	青いです	青くない	青くない です	青かった	青かったです	青くなかった
赤い akai	赤いです	赤くない	赤くない です	赤かった	赤かったです	赤くなかった
明るい akarui	明るいです	明るくない	明るくない です	明るかった	明るかった です	明るくなかった
浅い asai	浅いです	浅くない	浅くない です	浅かった	浅かったです	浅くなかった
暖かい atatakai	暖かいです	暖かくない	暖かくない です	暖かかった	暖かかった です	暖かくなかった
温かい atatakai	温かいです	温かくない	温かくない です	温かかった	温かかった です	温かくなかった
新しい atarashii	新しいです	新しくない	新しくない です	新しかった	新しかった です	新しくなかった
暑い atsui	暑いです	暑くない	暑くない です	暑かった	暑かったです	暑くなかった
熱い atsui	熱いです	熱くない	熱くない です	熱かった	熱かったです	熱くなかった
危ない abunai	危ないです	危なくない	危なくない です	危なかった	危なかった です	危なくなかった
甘い amai	甘いです	甘くない	甘くない です	甘かった	甘かったです	甘くなかった
いい ii	いいです	よくない	よくない です	よかった	よかったです	よくなかった
忙しい isogashii	忙しいです	忙しくない	忙しくない です	忙しかった	忙しかった です	忙しくなかった
痛い itai	痛いです	痛くない	痛くない です	痛かった	痛かったです	痛くなかった
薄い usui	薄いです	薄くない	薄くない です	薄かった	薄かったです	薄くなかった
美しい utsukushii	美しいです	美しくない	美しくない です	美しかった	美しかった です	美しくなかった
うまい umai	うまいです	うまくない	うまくない です	うまかった	うまかった です	うまくなかった
うるさい urusai	うるさい です	うるさく ない	うるさく ないです	うるさかった	うるさかった です	うるさく なかった
うれしい ureshii	うれしい です	うれしく ない	うれしく ないです	うれしかった	うれしかった です	うれしく なかった
おいしい oishii	おいしい です	おいしく ない	おいしく ないです	おいしかった	おいしかった です	おいしく なかった

多い ooi	多いです	多くない	多くない です	多かった	多かったです	多くなかった
大きい ooki	大きいです	大きくない	大きくない です	大きかった	大きかった です	大きくなかった
遅い osoi	遅いです	遅くない	遅くない です	遅かった	遅かったです	遅くなかった
重い omoi	重いです	重くない	重くない です	重かった	重かったです	重くなかった
面白い omoshiroi	面白いです	面白くない	面白く ないです	面白かった	面白かった です	面白くなかった
固い katai	固いです	固くない	固くない です	固かった	固かったです	固くなかった
悲しい kanashii	悲しいです	悲しくない	悲しくない です	悲しかった	悲しかった です	悲しくなかった
辛い karai	辛いです	辛くない	辛くない です	辛かった	辛かったです	辛くなかった
軽い karui	軽いです	軽くない	軽くない です	軽かった	軽かったです	軽くなかった
かわいい kawaii	かわいい です	かわいく ない	かわいく ないです	かわいかった	かわいかった です	かわいく なかった
黄色い kiiroi	黄色いです	黄色くない	黄色くない です	黄色かった	黄色かった です	黄色くなかった
汚い kitanai	汚いです	汚くない	汚くない です	汚かった	汚かったです	汚くなかった
厳しい kibishii	厳しいです	厳しくない	厳しくない です	厳しかった	厳しかった です	厳しくなかった
暗い kurai	暗いです	暗くない	暗くない です	暗かった	暗かったです	暗くなかった
黒い kuroi	黒いです	黒くない	黒くない です	黒かった	黒かったです	黒くなかった
濃い koi	濃いです	濃くない	濃くない です	濃かった	濃かったです	濃くなかった
細かい komakakai	細かいです	細かくない	細かくない です	細かかった	細かかった です	細かくなかった
こわい kowai	こわいです	こわくない	こわくない です	こわかった	こわかった です	こわくなかった
寂しい sabishii	寂しいです	寂しくない	寂しくない です	寂しかった	寂しかった です	寂しくなかった
寒い samui	寒いです	寒くない	寒くない です	寒かった	寒かったです	寒くなかった
白い shiroi	白いです	白くない	白くない です	白かった	白かったです	白くなかった
少ない sukunai	少ないです	少なくない	少なくない です	少なかった	少なかった です	少なくなかった

すごい sugoi	すごいです	すごくない	すごくない です	すごかった	すごかった です	すごくなかった
涼しい suzushii	涼しいです	涼しくない	涼しくない です	涼しかった	涼しかった です	涼しくなかった
狭い semai	狭いです	狭くない	狭くない です	狭かった	狭かったです	狭くなかった
高い takai	高いです	高くない	高くない です	高かった	高かったです	高くなかった
正しい tadashii	正しいです	正しくない	正しくない です	正しかった	正しかった です	正しくなかった
楽しい tanoshii	楽しいです	楽しくない	楽しくない です	楽しかった	楽しかった です	楽しくなかった
小さい chiisai	小さいです	小さくない	小さくない です	小さかった	小さかった です	小さくなかった
近い chikai	近いです	近くない	近くない です	近かった	近かったです	近くなかった
冷たい tsumetai	冷たいです	冷たくない	冷たくない です	冷たかった	冷たかった です	冷たくなかった
強い tyuyoi	強いです	強くない	強くない です	強かった	強かったです	強くなかった
遠い tooi	遠いです	遠くない	遠くない です	遠かった	遠かったです	遠くなかった
長い nagai	長いです	長くない	長くない です	長かった	長かったです	長くなかった
苦い nigai	苦いです	苦くない	苦くない です	苦かった	苦かったです	苦くなかった
早い hayai	早いです	早くない	早くない です	早かった	早かったです	早くなかった
速い hayai	速いです	速くない	速くない です	速かった	速かったです	速くなかった
低い hikui	低いです	低くない	低くない です	低かった	低かったです	低くなかった
ひどい hidoi	ひどいです	ひどくない	ひどくない です	ひどかった	ひどかった です	ひどくなかった
広い hiroi	広いです	広くない	広くない です	広かった	広かったです	広くなかった
深い hukai	深いです	深くない	深くない です	深かった	深かったです	深くなかった
古い hurui	古いです	古くない	古くない です	古かった	古かったです	古くなかった
まずい mazui	まずいです	まずくない	まずくない です	まずかった	まずかった です	まずくなかった
丸い marui	丸いです	丸くない	丸くない です	丸かった	丸かったです	丸くなかった

短い mijikai	短いです	短くない	短くない です	短かった	短かったです	短くなかった
難しい muzukashii	難しいです	難しくない	難しくない です	難しかった	難しかった です	難しくなかった
珍しい mezurashii	珍しいです	珍しくない	珍しくない です	珍しかった	珍しかった です	珍しくなかった
優しい yasashii	優しいです	優しくない	優しくない です	優しかった	優しかった です	優しくなかった
易しい yasashii	易しいです	易しくない	易しくない です	易しかった	易しかった です	易しくなかった
安い yasui	安いです	安くない	安くない です	安かった	安かったです	安くなかった
柔らかい yawarakai	柔らかい です	柔らかく ない	柔らかく ないです	柔らかかった	柔らかかった です	柔らかく なかった
弱い yowai	弱いです	弱くない	弱くない です	弱かった	弱かったです	弱くなかった
若い wakai	若いです	若くない	若くない です	若かった	若かったです	若くなかった
悪い warui	悪いです	悪くない	悪くない です	悪かった	悪かったです	悪くなかった

●な形容詞

安全（な） anzen(na)	安全です	安全では ない	安全では ありません	安全だった	安全でした	安全では なかった
いや（な） iya(na)	いやです	いやでは ない	いやでは ありません	いやだった	いやでした	いやでは なかった
簡単（な） kantan(na)	簡単です	簡単では ない	簡単では ありません	簡単だった	簡単でした	簡単では なかった
危険（な） kiken(na)	危険です	危険では ない	危険では ありません	危険だった	危険でした	危険では なかった
嫌い（な） kirai(na)	嫌いです	嫌いでは ない	嫌いでは ありません	嫌いだった	嫌いでした	嫌いでは なかった
きれい（な） kirei(na)	きれいです	きれいでは ない	きれいでは ありません	きれいだった	きれいでした	きれいでは なかった
元気（な） genki(na)	元気です	元気では ない	元気では ありません	元気だった	元気でした	元気では なかった
残念（な） zannen(na)	残念です	残念では ない	残念では ありません	残念だった	残念でした	残念では なかった
静か（な） shizuka(na)	静かです	静かでは ない	静かでは ありません	静かだった	静かでした	静かでは なかった
自由（な） jiyu(na)	自由です	自由では ない	自由では ありません	自由だった	自由でした	自由では なかった
上手（な） jouzu(na)	上手です	上手では ない	上手では ありません	上手だった	上手でした	上手では なかった

親切（な） shinsetsu(na)	親切です	親切では ない	親切では ありません	親切だった	親切でした	親切では なかった
心配（な） shinpai(na)	心配です	心配では ない	心配では ありません	心配だった	心配でした	心配では なかった
好き（な） suki(na)	好きです	好きでは ない	好きでは ありません	好きだった	好きでした	好きでは なかった
大事（な） daiji(na)	大事です	大事では ない	大事では ありません	大事だった	大事でした	大事では なかった
大丈夫（な） daijoubu(na)	大丈夫です	大丈夫では ない	大丈夫では ありません	大丈夫だった	大丈夫でした	大丈夫では なかった
大切（な） taisetsu(na)	大切です	大切では ない	大切では ありません	大切だった	大切でした	大切では なかった
大変（な） taihen(na)	大変です	大変では ない	大変では ありません	大変だった	大変でした	大変では なかった
だめ（な） dame(na)	だめです	だめでは ない	だめでは ありません	だめだった	だめでした	だめでは なかった
丁寧（な） teinei(na)	丁寧です	丁寧では ない	丁寧では ありません	丁寧だった	丁寧でした	丁寧では なかった
特別（な） tokubetsu(na)	特別です	特別では ない	特別では ありません	特別だった	特別でした	特別では なかった
熱心（な） nesshin(na)	熱心です	熱心では ない	熱心では ありません	熱心だった	熱心でした	熱心では なかった
暇（な） hima(na)	暇です	暇ではない	暇ではあり ません	暇だった	暇でした	暇ではなかった
不便（な） huben(na)	不便です	不便では ない	不便では ありません	不便だった	不便でした	不便では なかった
下手（な） heta(na)	下手です	下手では ない	下手では ありません	下手だった	下手でした	下手では なかった
変（な） hen(na)	変です	変ではない	変ではあり ません	変だった	変でした	変ではなかった
便利（な） benri(na)	便利です	便利では ない	便利では ありません	便利だった	便利でした	便利では なかった
まじめ（な） majime(na)	まじめです	まじめでは ない	まじめでは ありません	まじめだった	まじめでした	まじめでは なかった
無理（な） muri(na)	無理です	無理では ない	無理では ありません	無理だった	無理でした	無理では なかった
有名（な） yumei(na)	有名です	有名では ない	有名では ありません	有名だった	有名でした	有名では なかった
楽（な） raku(na)	楽です	楽ではない	楽ではあり ません	楽だった	楽でした	楽ではなかった

よく使う敬語

● 尊敬語

	丁寧語	尊敬語（〜る）	尊敬語（〜ます）
会う　au	会います	お会いになる	お会いになります
言う　iu	言います	おっしゃる	おっしゃいます
行く　iku	行きます	いらっしゃる おいでになる	いらっしゃいます おいでになります
いる　iru	います	いらっしゃる おいでになる	いらっしゃいます おいでになります
聞く　kiku	聞きます	お聞きになる	お聞きになります
来る　kuru	来ます	いらっしゃる おいでになる お見えになる	いらっしゃいます おいでになります お見えになります
くれる　kureru	くれます	くださる	くださいます
する　suru	します	なさる される	なさいます されます
食べる　taberu	食べます	召し上がる お食べになる	召し上がります お食べになります
飲む　nomu	飲みます	召し上がる お飲みになる	召し上がります お飲みになります
見る　miru	見ます	ご覧になる	ご覧になります

● 謙譲語

	丁寧語	謙譲語（〜る）	謙譲語（〜ます）
会う　au	会います	お会いする お目にかかる	お会いします お目にかかります
あげる　ageru	あげます	差し上げる	差し上げます
ある　aru	あります	ござる	ございます
言う　iu	言います	申す 申し上げる	申します 申し上げます
行く　iku	行きます	伺う 参る	伺います 参ります
いる　iru	います	おる	おります
聞く　kiku	聞きます	お聞きする 伺う 承る	お聞きします 伺います 承ります
来る　kuru	来ます	参る	参ります
くれる　kureru	くれます	くださる	くださいます
する　suru	します	いたす	いたします
食べる　taberu	食べます	いただく ちょうだいする	いただきます ちょうだいします
飲む　nomu	飲みます	いただく ちょうだいする	いただきます ちょうだいします
見る　miru	見ます	拝見する	拝見します
もらう　morau	もらいます	いただく	いただきます
やる　yaru	やります	差し上げる	差し上げます

物の数え方

	～つ (小さい物)	～個 (果物など)	～冊 (本など)	～枚 (紙、皿など)	～人 (人)
1	1つ　ひとつ hitotsu	1個　いっこ ikko	1冊　いっさつ issatsu	1枚　いちまい ichimai	1人　ひとり hitori
2	2つ　ふたつ hutatsu	2個　にこ niko	2冊　にさつ nisatsu	2枚　にまい nimai	2人　ふたり hutari
3	3つ　みっつ mittsu	3個　さんこ sanko	3冊　さんさつ sansatsu	3枚　さんまい sanmai	3人　さんにん sannin
4	4つ　よっつ yottsu	4個　よんこ yonko	4冊　よんさつ yonsatsu	4枚　よんまい yonmai	4人　よにん yonin
5	5つ　いつつ itsutsu	5個　ごこ goko	5冊　ごさつ gosatsu	5枚　ごまい gomai	5人　ごにん gonin
6	6つ　むっつ muttsu	6個　ろっこ rokko	6冊　ろくさつ rokusatsu	6枚　ろくまい rokumai	6人　ろくにん rokunin
7	7つ　ななつ nanatsu	7個　ななこ nanako	7冊　ななさつ nanasatsu	7枚　ななまい nanamai	7人　ななにん nananin
8	8つ　やっつ yattsu	8個　はちこ hachiko	8冊　はっさつ hassatsu	8枚　はちまい hachimai	8人　はちにん hachinin
9	9つ　ここのつ kokonotsu	9個　きゅうこ kyuko	9冊　きゅうさつ kyusatsu	9枚　きゅうまい kyumai	9人　きゅうにん （くにん） kyunin(kunin)
10	10　とお too	10個　じゅっこ jukko	10冊　じゅっさつ jussatsu	10枚　じゅうまい jumai	10人　じゅうにん junin

	～本 (鉛筆、傘など)	～杯 (飲み物など)	～台 (車、機械など)	～匹 (小さい動物)	～頭 (大きい動物)
1	1本 いっぽん ippon	1杯 いっぱい ippai	1台 いちだい ichidai	1匹 いっぴき ippiki	1頭 いっとう ittou
2	2本 にほん nihon	2杯 にはい nihai	2台 にだい nidai	2匹 にひき nihiki	2頭 にとう nitou
3	3本 さんぼん sanbon	3杯 さんばい sanbai	3台 さんだい sandai	3匹 さんびき sanbiki	3頭 さんとう santou
4	4本 よんほん yonhon	4杯 よんはい yonhai	4台 よんだい yondai	4匹 よんひき yonhiki	4頭 よんとう yontou
5	5本 ごほん gohon	5杯 ごはい gohai	5台 ごだい godai	5匹 ごひき gohiki	5頭 ごとう gotou
6	6本 ろっぽん roppon	6杯 ろっぱい roppai	6台 ろくだい rokudai	6匹 ろっぴき roppiki	6頭 ろくとう rokutou
7	7本 ななほん nanahon	7杯 ななはい nanahai	7台 ななだい nanadai	7匹 ななひき nanahiki	7頭 ななとう nanatou
8	8本 はっぽん happon	8杯 はっぱい happai	8台 はちだい hachidai	8匹 はっぴき happiki	8頭 はっとう hattou
9	9本 きゅうほん kyuhon	9杯 きゅうはい kyuhai	9台 きゅうだい kyudai	9匹 きゅうひき kyuhiki	9頭 きゅうとう kyutou
10	10本 じゅっぽん juppon	10杯 じゅっぱい juppai	10台 じゅうだい judai	10匹 じゅっぴき juppiki	10頭 じゅっとう juttou

基本単語

●家族 ※高低イントネーションつき。

父	chichi	ちち ＼	夫	otto	おっと ／
母	haha	はは ＼	妻	tsuma	つま ＼
兄	ani	あに ＼	息子	musuko	むすこ ＼
弟	otouto	おとうと ／	娘	musume	むすめ ＼
姉	ane	あね ／	両親	ryoushin	りょうしん ＼
妹	imouto	いもうと ／	親子	oyako	おやこ ＼
祖父	sohu	そふ ＼	兄弟	kyoudai	きょうだい ＼
祖母	sobo	そぼ ＼	姉妹	shimai	しまい ＼
孫	mago	まご ／	親戚	shinseki	しんせき ／

●人

大人	otona	おとな	男性	dansei	だんせい
子供	kodomo	こども	女性	josei	じょせい
成年	seinen	せいねん	老人	roujin	ろうじん
未成年	miseinen	みせいねん	赤ちゃん	akachan	あかちゃん

●職業

会社員	kaishain	かいしゃいん	学生	gakusei	がくせい
公務員	koumuin	こうむいん	調理師	chourishi	ちょうりし
教師	kyoushi	きょうし	保育士	hoikushi	ほいくし
医者	isha	いしゃ	介護士	kaigoshi	かいごし
看護士	kangoshi	かんごし	運転手	untenshu	うんてんしゅ
弁護士	bengoshi	べんごし	配達員	haitatsuin	はいたついん
警官	keikan	けいかん	事務員	jimuin	じむいん

●乗り物

地下鉄	chikatetsu	ちかてつ	バス	basu	ばす
列車	ressha	れっしゃ	タクシー	takushi	たくしー
電車	densha	でんしゃ	バイク	baiku	ばいく
車	kuruma	くるま	船	hune	ふね
自動車	jidousha	じどうしゃ	自転車	jitensha	じてんしゃ

●駅

改札	kaisatsu	かいさつ	座席	zaseki	ざせき
普通列車 hutsuressha		ふつう れっしゃ	自由席	jiyuseki	じゆうせき
急行列車 kyukouressha		きゅうこう れっしゃ	指定席	shiteiseki	していせき
特急列車 tokkyuressha		とっきゅう れっしゃ	禁煙席	kinenseki	きんえんせき
発車時刻 hasshajikoku		はっしゃ じこく	片道切符 katamichikippu		かたみち きっぷ
到着時刻 touchakujikoku		とうちゃく じこく	往復切符 ouhukukippu		おうふく きっぷ

●空港

入国	nyukoku	にゅうこく	航空券	koukuken	こうくうけん
出国	shukkoku	しゅっこく	荷物棚	nimotsudana	にもつだな
パスポート	pasupoto	ぱすぽーと	窓側	madogawa	まどがわ
飛行機	hikouki	ひこうき	通路側	tsurogawa	つうろがわ
国際線	kokusaisen	こくさいせん	座席番号	zasekibangou	ざせき ばんごう
国内線	kokunaisen	こくないせん	旅券番号	ryokenbangou	りょけん ばんごう

●家 (いえ)

玄関	genkan	げんかん	台所	daidokoro	だいどころ
部屋	heya	へや	洗面所	senmenjo	せんめんじょ
寝室	shinshitsu	しんしつ	風呂場	huroba	ふろば
廊下	rouka	ろうか	トイレ	toire	といれ
階段	kaidan	かいだん	1階	ikkai	いっかい
庭	niwa	にわ	2階	nikai	にかい
駐車場	chushajou	ちゅうしゃじょう	鍵	kagi	かぎ

●部屋 (へや)

ドア	doa	どあ	テーブル	teburu	てーぶる
窓	mado	まど	椅子	isu	いす
電気	denki	でんき	本棚	hondana	ほんだな
水道	suidou	すいどう	時計	tokei	とけい
ガス	gasu	がす	暖房	danbou	だんぼう
テレビ	terebi	てれび	冷房	reibou	れいぼう
電話	denwa	でんわ	ごみ箱	gomibako	ごみばこ

●台所 (だいどころ)

冷蔵庫	reizouko	れいぞうこ	箸	hashi	はし
炊飯器	suihanki	すいはんき	スプーン	supun	すぷーん
食器	shokki	しょっき	フォーク	foku	ふぉーく
食器棚	shokkidana	しょっきだな	お皿	osara	おさら
茶碗	chawan	ちゃわん	布巾	hukin	ふきん
湯のみ	yunomi	ゆのみ	雑巾	zoukin	ぞうきん
鍋	nabe	なべ	生ごみ	namagomi	なまごみ

●街 まち

デパート	depato	でぱーと	会社	kaisha	かいしゃ
銀行	ginkou	ぎんこう	工場	koujou	こうじょう
郵便局	yubinkyoku	ゆうびんきょく	学校	gakkou	がっこう
交番	kouban	こうばん	病院	byouin	びょういん
公園	kouen	こうえん	警察署	keisatsusho	けいさつしょ
図書館	toshokan	としょかん	美術館	bijutsukan	びじゅつかん
映画館	eigakan	えいがかん	教会	kyoukai	きょうかい
市場	ichiba	いちば	寺院, お寺	jiin, otera	じいん、おてら

●店 みせ

喫茶店	kissaten	きっさてん	コンビニ	konbini	こんびに
菓子店	kashiten	かしてん	スーパー	supa	すーぱー
パン屋	panya	ぱんや	居酒屋	izakaya	いざかや
花屋	hanaya	はなや	食堂	shokudou	しょくどう
薬局	yakkyoku	やっきょく	免税店	menzeiten	めんぜいてん
書店	shoten	しょてん	宝石店	housekiten	ほうせきてん
レストラン resutoran		れすとらん	化粧品店 keshouhinten		けしょうひんてん

●店内の表示 てんない ひょうじ

入口	iriguchi	いりぐち	禁煙	kinen	きんえん
出口	deguchi	でぐち	御手洗	otearai	おてあらい
非常口	hijouguchi	ひじょうぐち	男子トイレ	danshitoire	だんし といれ
非常階段	hijoukaidan	ひじょう かいだん	女子トイレ	joshitoire	じょし といれ

●お金

現金	genkin	げんきん	財布	saihu	さいふ
紙幣	shihei	しへい	小銭	kozeni	こぜに
硬貨	kouka	こうか	お釣り	otsuri	おつり
税金	zeikin	ぜいきん	借金	shakkin	しゃっきん
領収書	ryoushusho	りょうしゅうしょ	契約書	keiyakusho	けいやくしょ

●買い物

値段	nedan	ねだん	無料	muryou	むりょう
価格	kakaku	かかく	有料	yuryou	ゆうりょう
定価	teika	ていか	使用料	shiyouryou	しようりょう
本体価格 hontaikakaku		ほんたい かかく	サービス料 sabisuryou		さーびすりょう
税込価格 zeikomikakaku		ぜいこみ かかく	電子決済 denshikessai		でんし けっさい
消費税 shouhizei		しょうひぜい	支払い shiharai		しはらい

●振り込み、引き落とし

銀行口座 ginkoukouza	ぎんこう こうざ	給料 kyuryou	きゅうりょう
口座番号 kouzabangou	こうざ ばんごう	給与明細 kyuyomeisai	きゅうよ めいさい
暗証番号 anshoubangou	あんしょう ばんごう	公共料金 koukyouryoukin	こうきょう りょうきん
口座名義 kouzameigi	こうざ めいぎ	家賃 yachin	やちん
口座通帳 kouzatsuchou	こうざ つうちょう	手数料 tesuryou	てすうりょう

●体

顔	kao	かお	頭	atama	あたま
目	me	め	胃	i	い
耳	mimi	みみ	腸	chou	ちょう
鼻	hana	はな	心臓	shinzou	しんぞう
口	kuchi	くち	肝臓	kanzou	かんぞう
歯	ha	は	腎臓	jinzou	じんぞう
喉	nodo	のど	腕	ude	うで
胸	mune	むね	手	te	て
お腹	onaka	おなか	脚	ashi	あし
腰	koshi	こし	足	ashi	あし

●病院、薬

医者	isha	いしゃ	検査	kensa	けんさ
看護士	kangoshi	かんごし	手術	shujutsu	しゅじゅつ
薬剤師	yakuzaishi	やくざいし	入院	nyuin	にゅういん
外科	geka	げか	退院	taiin	たいいん
内科	naika	ないか	薬	kusuri	くすり
胃腸科	ichouka	いちょうか	風邪薬	kazegusuri	かぜぐすり
婦人科	hujinka	ふじんか	解熱剤	genetsuzai	げねつざい
小児科	shounika	しょうにか	鎮痛剤	chintsuzai	ちんつうざい
歯科	shika	しか	食前	shokuzen	しょくぜん
耳鼻科	jibika	じびか	食後	shokugo	しょくご
病気	byouki	びょうき	怪我	kega	けが

●食べ物

ご飯	gohan	ごはん	果物	kudamono	くだもの
米	kome	こめ	お菓子	okashi	おかし
寿司	sushi	すし	パン	pan	ぱん
蕎麦	soba	そば	卵	tamago	たまご
天ぷら	tenpura	てんぷら	おでん	oden	おでん
魚	sakana	さかな	肉	niku	にく
焼き魚	yakizakana	やきざかな	牛肉	gyuniku	ぎゅうにく
刺し身	sashimi	さしみ	豚肉	butaniku	ぶたにく
野菜	yasai	やさい	鶏肉	toriniku	とりにく

●飲み物

水	mizu	みず	お酒	osake	おさけ
お茶	ocha	おちゃ	日本酒	nihonshu	にほんしゅ
緑茶	ryokucha	りょくちゃ	ビール	biru	びーる
麦茶	mugicha	むぎちゃ	コーヒー	kohi	こーひー
味噌汁	misoshiru	みそしる	紅茶	koucha	こうちゃ

●趣味、スポーツ

映画	eiga	えいが	野球	yakyu	やきゅう
演劇	engeki	えんげき	卓球	takkyu	たっきゅう
音楽	ongaku	おんがく	水泳	suiei	すいえい
読書	dokusho	どくしょ	写真	shashin	しゃしん

●衣類、身の回りの物

服	huku	ふく	学生証	gakuseishou	がくせいしょう
上着	uwagi	うわぎ	財布	saihu	さいふ
下着	shitagi	したぎ	腕時計	udedokei	うでどけい
長袖	nagasode	ながそで	指輪	yubiwa	ゆびわ
半袖	hansode	はんそで	香水	kousui	こうすい
靴下	kutsushita	くつした	靴	kutsu	くつ
帽子	boushi	ぼうし	傘	kasa	かさ
身分証明書 mibunshoumeisho		みぶん しょうめいしょ	運転免許証 untenmenkyoshou		うんてん めんきょしょう

●学校

先生	sensei	せんせい	教科書	kyoukasho	きょうかしょ
生徒	seito	せいと	ノート	noto	のーと
授業	jugyou	じゅぎょう	予習	yoshu	よしゅう
試験	shiken	しけん	復習	hukushu	ふくしゅう
成績	seiseki	せいせき	鞄	kaban	かばん
宿題	shukudai	しゅくだい	制服	seihuku	せいふく
机	tsukue	つくえ	体育館	taiikukan	たいいくかん
椅子	isu	いす	運動場	undoujou	うんどうじょう
黒板	kokuban	こくばん	保健室	hokenshitsu	ほけんしつ
教室	kyoushitsu	きょうしつ	職員室	shokuinshitsu	しょくいんしつ

●工場の掲示

禁煙	kinen	きんえん	出入禁止	deirikinshi	でいり きんし
点検中	tenkenchu	てんけんちゅう	駐車禁止	chushakinshi	ちゅうしゃ きんし
修理中	shurichu	しゅうりちゅう	頭上注意	zujouchui	ずじょう ちゅうい
安全第一	anzendaiichi	あんぜん だいいち	足元注意	ashimotochui	あしもと ちゅうい

日本の47都道府県、主な都市

北海道	hokkaidou	ほっかいどう	札幌市	sapporoshi	さっぽろ し
青森県	aomoriken	あおもり けん	青森市	aomorishi	あおもり し
岩手県	iwateken	いわて けん	盛岡市	moriokashi	もりおか し
宮城県	miyagiken	みやぎ けん	仙台市	sendaishi	せんだい し
秋田県	akitaken	あきた けん	秋田市	akitashi	あきた し
山形県	yamagataken	やまがた けん	山形市	yamagatashi	やまがた し
福島県	hukushimaken	ふくしま けん	福島市	hukushimashi	ふくしま し
茨城県	ibarakiken	いばらき けん	水戸市	mitoshi	みと し
栃木県	tochigiken	とちぎ けん	宇都宮市	utsunomiyashi	うつのみや し
群馬県	gunmaken	ぐんま けん	前橋市	maebashishi	まえばし し
埼玉県	saitamaken	さいたま けん	さいたま市	saitamashi	さいたま し
千葉県	chibaken	ちば けん	千葉市	chibashi	ちば し
東京都	toukyouto	とうきょう と	東京	toukyou	とうきょう
神奈川県	kanagawaken	かながわ けん	横浜市	yokohamashi	よこはま し
新潟県	nigataken	にいがた けん	新潟市	nigatashi	にいがた し
富山県	toyamaken	とやま けん	富山市	toyamashi	とやま し
石川県	ishikawaken	いしかわ けん	金沢市	kanazawashi	かなざわ し
福井県	hukuiken	ふくい けん	福井市	hukuishi	ふくい し
山梨県	yamanashiken	やまなし けん	甲府市	kouhushi	こうふ し
長野県	naganoken	ながの けん	長野市	naganoshi	ながの し
岐阜県	gihuken	ぎふ けん	岐阜市	gihushi	ぎふ し
静岡県	shizuokaken	しずおか けん	静岡市	shizuokashi	しずおか し
愛知県	aichiken	あいち けん	名古屋市	nagoyashi	なごや し
三重県	mieken	みえ けん	津市	tsushi	つ し
滋賀県	shigaken	しが けん	大津市	otsushi	おおつ し
京都府	kyoutohu	きょうと ふ	京都市	kyoutoshi	きょうと し
大阪府	osakahu	おおさか ふ	大阪市	osakashi	おおさか し
兵庫県	hyougoken	ひょうご けん	神戸市	koubeshi	こうべ し
奈良県	naraken	なら けん	奈良市	narashi	なら し
和歌山県	wakayamaken	わかやま けん	和歌山市	wakayamashi	わかやま し
鳥取県	tottoriken	とっとり けん	鳥取市	tottorishi	とっとり し
島根県	shimaneken	しまね けん	松江市	matsueshi	まつえ し

岡山県	okayamaken	おかやま けん	岡山市	okayamashi	おかやま し
広島県	hiroshimaken	ひろしま けん	広島市	hiroshimashi	ひろしま し
山口県	yamaguchiken	やまぐち けん	山口市	yamaguchishi	やまぐち し
徳島県	tokushimaken	とくしま けん	徳島市	tokushimashi	とくしま し
香川県	kagawaken	かがわ けん	高松市	takamatsushi	たかまつ し
愛媛県	ehimeken	えひめ けん	松山市	matsuyamashi	まつやま し
高知県	kouchiken	こうち けん	高知市	kouchishi	こうち し
福岡県	hukuokaken	ふくおか けん	福岡市	hukuokashi	ふくおか し
佐賀県	sagaken	さが けん	佐賀市	sagashi	さが し
長崎県	nagasakiken	ながさき けん	長崎市	nagasakishi	ながさき し
熊本県	kumamotoken	くまもと けん	熊本市	kumamotoshi	くまもと し
大分県	oitaken	おおいた けん	大分市	oitashi	おおいた し
宮崎県	miyazakiken	みやざき けん	宮崎市	miyazakishi	みやざき し
鹿児島県	kagoshimaken	かごしま けん	鹿児島市	kagoshimashi	かごしま し
沖縄県	okinawaken	おきなわ けん	那覇市	nahashi	なは し

日本人に多い名字

※高低イントネーションつき。

阿部	あべ ／	齋藤	さいとう ／	林	はやし ／
石井	いしい ／	坂本	さかもと ／	藤田	ふじた ＼
伊藤	いとう ／	佐々木	ささき ／	前田	まえだ ／
井上	いのうえ ／	佐藤	さとう ＼	松本	まつもと ／
遠藤	えんどう ＼	清水	しみず ＼	村上	むらかみ ／
岡田	おかだ ／	鈴木	すずき ／	望月	もちづき ／＼
小川	おがわ ／	高橋	たかはし ／＼	森田	もりた ＼
小野	おの ／	田中	たなか ／	安田	やすだ ／
加藤	かとう ＼	中島	なかじま ／	山口	やまぐち ／＼
木村	きむら ／	中村	なかむら ／	山田	やまだ ／
工藤	くどう ＼	西村	にしむら ／＼	山本	やまもと ／
小池	こいけ ／	野田	のだ ／	吉田	よしだ ／
後藤	ごとう ／	橋本	はしもと ／	和田	わだ ／
小林	こばやし ／	浜田	はまだ ＼	渡辺	わたなべ ／

[著者]

徳山 隆 （とくやま・たかし）

東京都江戸川区にある日本語学校・東洋言語学院（滋慶学園グループ）の学校長を長年務める。

慶應義塾大学文学部哲学科（美学美術史学専攻）、東京芸術大学音楽学部邦楽科（尺八専攻第一期生）卒業。昭和女子大学大学院言語コミュニケーション（日本語・日本語教育第一期生）専攻修士課程修了。

大学卒業後、ザルツブルグやニューデリーに滞在し、ドイツ語やインド音楽を学ぶ。

帰国後は、高校などで倫理、英語、日本語教育などに携わりながら、参加体験型の自己啓発プログラムの講師を務め、1万人以上を担当。

また、禅尺八の200余曲を集大成し、アメリカ・ヨーロッパを含む国内外で100回を超える独奏会を行うなど活動中。

たったの72パターンでこんなに話せる日本語

2022年　9月　28日　初版発行
2023年　3月　31日　第4刷発行

著　　　者　　徳山隆
発　行　者　　石野栄一
発　行　所　　明日香出版社
　　　　　　　〒112-0005　東京都文京区水道 2-11-5
　　　　　　　電話　03-5395-7650（代表）
　　　　　　　https://www.asuka-g.co.jp
印刷・製本　　株式会社フクイン

©Takashi Tokuyama 2022 Printed in Japan　ISBN 978-4-7569- 2209-0

落丁・乱丁本はお取り替えいたします。
本書の内容に関するお問い合わせは弊社ホームページからお願いいたします。

たったの 72 パターンで
こんなに話せる中国語会話

趙 怡華

「～はどう？」「～だといいね」など、決まった基本パターンを使い回せば、中国語で言いたいことが言えるようになります！ 好評既刊の『72 パターン』シリーズの基本文型をいかして、いろいろな会話表現が学べます。

本体価格 1800 円＋税　B6 変型　〈216 ページ〉　2011/03 発行　978-4-7569-1448-4

たったの 72 パターンで
こんなに話せる韓国語会話

李 明姫

日常会話でよく使われる基本的なパターン（文型）を使い回せば、韓国語で言いたいことが言えるようになります！ まず基本パターン（文型）を理解し、あとは単語を入れ替えれば、いろいろな表現を使えるようになります。

本体価格 1800 円＋税　B6 変型　〈216 ページ〉　2011/05 発行　978-4-7569-1461-3

たったの 72 パターンで
こんなに話せる台湾語会話

趙 怡華

「～したいです」「～をください」など、決まったパターンを使いまわせば、台湾語は誰でも必ず話せるようになる！ これでもうフレーズ丸暗記の必要ナシ。言いたいことが何でも言えるようになります。

本体価格 1800 円＋税　B6 変型　〈224 ページ〉　2015/09 発行　978-4-7569-1794-2

 **たったの 72 パターンで
こんなに話せるポルトガル語会話**

浜岡究

「〜はどう？」「〜だといいね」など、決まったパターンを使いまわせば、ポルトガル語は誰でも必ず話せるようになる！　これでもうフレーズ丸暗記の必要ナシ。この 72 パターンを覚えれば、言いたいことが何でも言えるようになります。

本体価格 1800 円＋税　B6 変型　〈224 ページ〉　2013/04 発行　978-4-7569-1620-4

 **たったの 72 パターンで
こんなに話せるフランス語会話**

小林 知子
エリック・フィオー

「〜はどう？」「〜だといいね」など、決まったパターンを使いまわせば、フランス語は誰でも必ず話せるようになる！　これでもうフレーズ丸暗記の必要ナシ。この 72 パターンを覚えれば、言いたいことが何でも言えるようになります。

本体価格 1800 円＋税　B6 変型　〈224 ページ〉　2010/08 発行　978-4-7569-1403-3

 **たったの 72 パターンで
こんなに話せるスペイン語会話**

欧米・アジア語学センター
フリオ・ルイス・ルイス

日常会話でよく使われる基本的なパターン（文型）を使い回せば、スペイン語で言いたいことが言えるようになります！　まず基本パターン（文型）を理解し、あとは単語を入れ替えれば、いろいろな表現を使えるようになります。

本体価格 1800 円＋税　B6 変型　〈224 ページ〉　2013/02 発行　978-4-7569-1611-2

CD BOOK **中国語会話フレーズブック**

趙 怡華

日常生活で役立つ中国語の会話フレーズを2900
収録。状況別・場面別に、よく使う会話表現を掲
載。海外赴任・留学・旅行・出張で役立つ表現も掲
載。あらゆるシーンに対応できる、会話表現集の決
定版！

本体価格 2800 円＋税　B6 変型　〈468 ページ〉　2005/06 発行　978-4-7569-0886-5

CD BOOK **台湾語会話フレーズブック**

趙怡華：著
陳豊惠：監修

好評既刊『はじめての台湾語』の著者が書いた、日
常会話フレーズ集です。シンプルで実用的なフレー
ズを場面別・状況別にまとめました。前作と同様、
台湾の公用語と現地語（親しい人同士）の両方の表
現を掲載しています。様々なシーンで役立ちます。
CD3 枚付き。

本体価格 2900 円＋税　B6 変型　〈424 ページ〉　2010/06 発行　978-4-7569-1391-3

CD BOOK **ポルトガル語会話フレーズブック**

カレイラ松崎順子／フレデリコ・カレイラ

日常生活で役立つ会話フレーズを約 2900 収録。
状況別に、よく使う会話表現を掲載。海外赴任・留
学・旅行・出張で役立つ表現も掲載。本書では、ブ
ラジルのポルトガル語とヨーロッパのポルトガル語
の両方の表現を掲載しています。

本体価格 2900 円＋税　B6 変型　〈336 ページ〉　2006/12 発行　978-4-7569-1032-5